고양이를 부탁해
20주년 아카이브

20
01

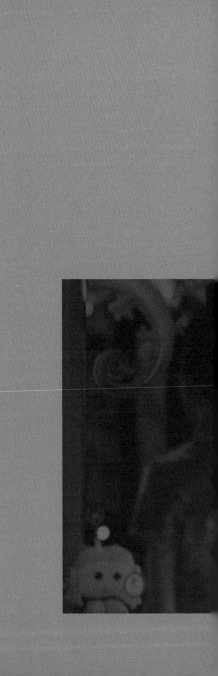

20_{21}

차례

2021

잘 있었니? 잘 지내니?

시나리오 쓸 때를 회상해 봅니다. 나는 고등학교를 막 졸업한 다섯 소녀의 이야기를 쓰겠다는 결정을 했고 고양이가 나왔으면 좋겠다고 생각했습니다. 영화의 배경은 인천으로 정했습니다. 어느 날 갑자기 그런 생각에 도달한 것은 아닙니다. 차츰차츰 다가간 것 같습니다. 그때 나는 두 소녀가 나오는 호러 영화와 세 명의 중년 여성이 나오는 로드 무비도 함께 구상했습니다. 세 개의 아이디어를 듣던 제작사 대표님은 두 소녀가 나오는 호러 영화를 만들자고 했습니다. 친구들도 다섯 소녀와 고양이가 나오는 영화는 특색이 없는 거 같다고 반대하였습니다. 그때의 나는 이런 영화도 저런 영화도 다 잘 만들 수 있다는 자신감이 있었습니다. 하지만 주변의 적극적인 반대에 부딪히니 점점 다섯 소녀의 이야기를 더 하고 싶어졌고, 그녀들을 옹호하기 시작했습니다.

왜 소녀들이 영화의 주인공이면 안 된다는 건가.

그동안 이런 영화가 전혀 만들어지지 않았기 때문에 이런 영화를 만들어야 하는 거 아닐까.

시름이 깊어졌습니다.

만약 다섯 소녀와 고양이가 나오는 영화가 주변의 지지와 축복을 받았다면, 나는 다른 선택을 했을지도 모르겠습니다. 반항심도 있었던 것 같고 한편으로는 어려운 선택이 가져다줄 성취에 대한 도전 의식도 있었습니다. 그렇지만 낮에는 호기롭게 내 선택을 옹호하다가도 귀갓길에는 불안했고 밤에는 회의에 빠졌습니다.

자신과 타인들을 설득하기 위해 '논리의 집'을 더 단단하게 세우기 시작했습니다. 왜 이 영화가 만들어져야 하는가를 생각했고 이 영화에는 무엇이 나와야 하는지, 무엇이 나오지 않을 것인지 매일 썼습니다. 지금 생각해보면 그것은 시나리오를 쓰는 과정이라기보다 만들고 싶은 영화를 상상하고 지켜내기 위한 시간이 아니었나 생각합니다. 제목도 없고 뚜렷한 기승전결도 없던 이야기는 그렇게 조금씩 방향을 잡아나갔습니다.

인천의 이국적인 풍경을 좋아했습니다. 인천은 중국으로 가는 관문이었고 그때 나는 중국문화에 꽂혀 있었습니다. 북경전영학원(北京电影学院)에서 한 달 동안 기숙하면서 매일 중국 노래를 들었고 중국 음식을 먹었고 중국 영화를 봤습니다. 중국의 이미지는 화교 출신인 비류와 온조, 인천 차이나타운, 치파오, 만두, 중국을 오가는 보따리장수들, 국제 여객터미널 등의 디테일로 살아났습니다. 또 한편으로는 이상한 집착으로 버스와 기차와 전철과 비행기와 배와 공항버스가 모두 나오는 영화를 만들고 말겠어, 결정을 내리고 그것들을 빠짐없이 장면화하기도 했습니다. 어느 날은 핸드폰으로 할 수 있는 모든 것을 영화에 넣어 보기로 결정했습니다. 갑자기 하늘을 둥둥 날아다니는 텍스트 메시지 아이디어를 상상해내곤, 심장이 두근두근 하기도 했습니다. 그것 역시 그 어떤 영화에서도 본 적 없는 스무 살 소녀들 같은 미지의 세계였기 때문입니다. 플롯과 서사가 미니멀해도 얼마든지 영화적인 영화가 가능하다는 믿음을 주문 삼아, 이 이야기는 점점 누구도 말릴 수 없는, 반드시 만들고야 말 의지의 영화로 변화하고 있었습니다.

그때 나는 친구에게 분양받은 고양이 '탄'이를 키우고 있었습니다. 혼자 있기를 싫어해서 외출할 때마다 배낭에 넣어서 데리고 다녀야 했습니다. 어느 날 탄이와 함께 버스를 탔고 운 좋게 창가 자리에 앉게 되었습니다. 버스 스피커로 라디오 방송이 흘러나오고 있었습니다. 방의 천장이 점점 내려오고 있다. 어떻게 해야 할지 모르겠다. 방법이 없다는 사연이었습니다. 어떻게 그런 일이 있을까. 모두 잠잘 때 천장이 무너지면 어떻게 하나 걱정이 되었습니다. 사연의 당사자와 DJ가 한참 통화를 했던 것도 같습니다만 기억은 명확하지 않습니다. 배낭에서 잠들어있는 탄이를 한참 바라보았습니다. 가만히 탄이를 쓰다듬었습니다. 극적일 것 없이 흘러가던 다섯 소녀의 이야기에 가장 강한 영화적 사건이 도착한 순간이었습니다.

시나리오를 쓰던 20년 전과 가장 크게 변한 것은 고양이의 영역 확장이 아닐까 합니다. 고양이를 키우는 사람도 드물었고, 고양이를 좋아하는 사람들도 많지 않았습니다. 나는 고양이에 대한 본능적인 이끌림을 가지고 있었지만, 영화 제목을 고양이 관련 TV 프로그램에 뺏길 정도로 고양이를 사랑하는 나라가 될 것이라고는 예측하지 못했습니다. 탄이는 시나리오를 쓰고 영화를 준비하는 동안 내내 부담이 되었습니다. 다들 고양이를 좋아하지도 않았고 고양이를 키워 본 경험이 있는 지인도 드물었기 때문에, 딱히 맡길 데가 없었습니다. 고양이 호텔은 있지도 않았고, 있다 한들 엄두도 못 낼 처지였습니다. 로케이션 헌팅을 며칠씩 떠나게 되면 혼자 있기 싫어했던 탄이를 어떻게 할 것인가가 걱정거리가 되었습니다. 대책 없이 덥석 새끼 고양이를 받아 키우게 되었고 탄이도 점점 대책 없는 반항의 청소년 고양이로 성장하고 있었습니다. 그때의 나는 대책이 없었습니다. 탄이를 분양해주었던 친구에게 다시 돌려보낼 수밖에 없었습니다. 그날 죄책감으로 잠을 이루지 못하며 일기의 끝에 다음과 같이 썼습니다.

　"고양이를 부탁해"

　　재개봉이 결정되고 포스터와 예고편을 20년간 장식했던 헤드 카피가 "잘 있었니? 잘 지내니?"로 바뀌었습니다. 관객들에게 건네는 안부 인사 같은 느낌이 들어서 보는 순간 뭉클해졌습니다. 오가며 만났던 관객들은 나에게 늘 영화 속 인물들이 지금 어떻게 살고 있는지를 묻곤 했습니다. 기분이 좋은 날은 아주 잘살고 있을 거라고 당당하게 답했고, 컨디션이 좋지 않은 날은 글쎄요 라고 대답하곤 했습니다. 이젠 관객이 아니라 영화가 나에게 묻고 있네요. "잘 있었니? 잘 지내니?"

　　청춘의 마지막과 20세기의 마지막을 동시에 경유하며 시나리오를 썼습니다. 영화를 보았던 관객들도 청춘이라는 불안정한 시간을 경유하며 이 영화를 보았을 것입니다. 그래서 주인공들의 삶도 더 애틋한 마음으로 보셨던 것 같습니다. 올해 여성영화제에서 상영된 디지털 리마스터링 버전을 본 한 지인이 문자를 보내왔습니다. "무작정 혼자 극장에 영화를 보러 가서 영화가 끝나고 나와서 한참이나 걸었던 생각이 나요. 이번에 20년 만에 보니 아직 제대로 이별하지 못한 것들에 대해서 잘 이별하게 된 것 같은 느낌이 들었어요. 엔딩 장면에서 그들의 표정이

선명하게 잘 보였기 때문인지도 모르겠습니다."

시나리오에는 편집에서 삭제된 여러 장면이 여전히 남아있습니다. 문학적인 묘사를 최소화했기에 단조롭고 건조하게 읽힐 수도 있겠습니다. 그러나 제가 열심히 지켜내고자 했던 스무 살 다섯 소녀가 경험하는 현실과 바람, 외로웠을 순간들과 우리가 함께였기에 즐거웠던 기억들은 고스란히 담겨 있습니다. 시나리오를 쓰던 과정을 오랜만에 떠올리며 저도 아직 이별하지 못한 것들과 잘 이별하고 싶어집니다. 책의 출간을 위해 도와주신 모든 분들에게 깊은 감사를 드립니다.

2021년 10월 13일
정재은

2001

시나리오

철조망에 일반인의 출입을 금하는 안내판이 붙어있는 게 보인다.
그 옆으로 여고 교복을 입은 혜주(20), 지영(20), 태희(20), 쌍둥이
비류(20)와 온조(20)가 철조망을 뛰어넘고 있다.
달려가는 아이들의 모습 앞에 거대한 선박과 물류들이 쌓여있는
인천항의 모습이 넓게 펼쳐진다. 자기들끼리 뭐가 그리 좋은지
어디서나 왁자지껄하다.
태희는 소형카메라로 항구의 모습을 찍는다. 항구의 모습이 스틸
이미지로 찰칵거린다.

> 혜주
> 야! 우리 둘이 한 장 찍어 봐.

혜주와 지영은 서로 끌어안으며 볼을 맞대고 포즈를 취한다.
사진을 찍는 태희.

> 태희
> 나는 여기 배경으로 이렇게 찍어.

커다란 배 앞에서 폼을 잡는 태희, 태희 뒤로 휙 들어와 카메라에
찍히는 비류와 온조.

> 혜주
> 이제 한 방 남았는데?

> 태희
> 우리 다 같이 한 방 찍자.

> 혜주
> 오~케이! 쫌만 기다려 타이머 맞추고.

카메라의 타이머를 조작해 놓는 혜주.
아이들은 측면으로 나란히 서서 서로의 허리를 잡은 아줌마 포즈로

사진이 찍히길 기다린다.

혜주, 웃으며 급히 뛰어가 아이들 가운데를 밀어내고 선다.

소리를 내며 돌아가기 시작하는 카메라 타이머.

긴장하며 카메라가 찍히길 기다리는 아이들.

타이머가 거의 다 돌아간 순간, 갑자기 카메라 앞에 커다랗고 뚱뚱한
고양이가 천천히 지나간다. 당황해서 고양이에게 비키라고 소리 지르는
아이들.

> 아이들
> 안돼! 야~ 비켜!! 뭐야~

찰칵- 카메라를 바라보는 고양이에 가려 사진 화면에는 아이들의 팔,
다리만이 겨우 보인다.

TITLE IN:
고양이를 부탁해!

#2. 증권사 (안/아침)

사무실 창의 버티컬이 서서히 젖혀지며 조금씩 아침 햇살이 들어온다.
창밖으로는 테헤란로가 한눈에 보인다. 유니폼을 입은 혜주는 신문뭉치와
우편물들을 책상 위에 가지런히 놓으며 커다란 의자에 앉아본다. 그때 문
열리며 말끔한 정장 차림의 여성 애널리스트 미연(31)이 큰 서류 가방에
신문, 샌드위치와 커피를 들고 들어온다. 혜주는 급히 자리에서 일어나
미연에게 인사한다.

> 혜주
> 나오셨어요? 오후에나 출근하신다고...

> 미연
> 좀 쉬었다가 나오려다가 그냥 나왔어, 에이취!
> 차라리 일찍 퇴근하는 게 나을 거 같아서.

혜주
감기 걸리셨나 봐요.

미연
어, 일찍 출근하네, 집이 어디랬지?

혜주
인천이요.

미연
서울까지 오려면 두 시간은 걸리겠네?
이거 혜주 씨가 갖다 놓은 거야?

혜주
네.

미연, 책상 위의 우편물을 보다가 가방을 뒤적거린다.

미연
번번이 고마워서 어쩌지? 이거 선물.

미연이 내미는 조그만 선물을 두 손으로 공손히 받는 혜주.

●

혜주는 자기 책상에 앉아 미연이 선물한 자그마한 향수병들을
디카프리오의 배경화면이 보이는 컴퓨터 모니터 위에 죽 붙여놓는다.
몇몇 직원이 인사를 하며 출근한다.

#3. 성당 복도 (안/오전)

아치형 창의 스테인드글라스로 겨울빛이 들어오는 긴 성당 복도에 서서
이야기를 나누고 있는 태희와 수녀의 모습이 보인다.

태희
억지로 운 게 아니에요. 그치만 참아야겠다고 생각하지도
않았어요. 뭐라고 말은 못 하겠지만 내가 그 애를 이해할 수
있다는 느낌이 들었다구요. 그 애랑 내가 다를 게 하나도 없구나
그렇게 느껴졌다구요.

수녀
눈물이 나온다고 언제나 우니? 네가 그 애를 위한다면 그렇게
울어선 안돼, 네가 그러는 건 너를 위한 거지 그 애를 위한 게 아냐,
그 애한테 필요한 건 친구지 동정이 아냐.

태희
그건 동정이 아니에요, 아니 동정이라도 좋아요, 세상엔
동정심조차 없는 사람도 많잖아요.

그때 누군가 문을 열고 수녀님을 찾는다.

누군가(V.O)
수녀님 전화 왔는데요.

수녀
다음에 다시 한번 얘기하자.

수녀가 급히 사무실로 들어가고 태희는 잠시 무엇을 할지 망설인다.

#4. 만수공단 (밖/오후)

오래된 기계들과 철근들이 쌓여있는 낡은 창고들과 공장들이 있는
공단지역을 걸어가는 지영의 모습이 보인다. 인적이 드물고 한적하다.

사장(V.O)
다른 데는 좀 알아봤니?

지영(V.O)
아직 못 알아봤어요.

사장(V.O)
다음 주에 기계들을 처분하면 그때 밀린 월급을 보내주마,
그동안 수고했다.

길을 걷던 지영이 골목을 접어들어 구석에 있는 드럼통 뒤로 다가간다.
드럼통 뒤에는 박스가 뉘어져 있다. 지영은 박스 안으로 길게 손을
내민다. 지영 손에 새끼 고양이가 잡혀있다. 지영이 주머니에서 먹을 것을
꺼내준다. 오물거리며 먹이를 먹는 고양이.
한쪽 담 위에서 커다란 고양이가 지영을 보며 지나가고 있다.

#5. 지영집 앞 (밖/해 질 녘)

나물이 든 그릇을 머리에 인 할머니와 고양이를 안은 지영이
골목 안으로 들어온다.

할머니
고양이는 영물이라서 집에 두면 안 좋아.

지영
그건 다 미신이야.

할머니
니 할애비가 호랭이띠라서 괭이가 버텨내지도 못해, 갖다 버려.

지영 집 근처 담벼락에는 몇몇 사람들이 조악한 벽화를 색칠하고 있다.
지영이 유심히 본다.

할머니
빨리 봄이 와야지 산에 가서 달래도 캐고 냉이도 캐고...

할머니의 나물 이야기가 끝이 없다. 집으로 들어간다.

#6. 지영집 (안/밤)

다락방으로 올라오는 지영, 다락방은 일어서지 못할 정도로 천장이 낮고 비좁다.
지영이 우유를 고양이 앞에 놓아준다. 맛있게 먹는 고양이의 머리를 만져주는 지영. 지영은 아주 오래된, 낡은 초록색 유리로 된 스탠드를 켠다. 지영, 국어사전을 펼쳐 든다.

> 지영
> 고양이, 고양잇과에 속하는 육식동물, 둥근 머리와 큰 송곳니,
> 숨길 수 있는 날카로운 발톱을 가졌다.

지영은 고양이의 입을 벌려보고 앞발을 잡아 발톱도 살펴본다.

> 지영
> 이제부터 니 이름은 티티야 티티. 맘에 드니?

책상 위에는 종이와 물감, 물통, 붓이 어지럽게 놓여있다. 지영이 모눈종이에 여러 가지 단순한 무늬와 색깔을 채워 넣는다. 텍스타일 디자인과 비슷한 그림들이다.

#7. 태희집 (안/밤)

현관문을 열고 거실로 들어가는 태희,
거실에서는 태희의 엄마, 아빠, 오빠와 올케언니, 두 조카, 동생 태식이 모두 모여 식사 중이다. 텔레비전 소리와 아이들 소리로 집안은 왁자지껄하다.

> 아빠
> 온 가족이 모여 저녁 먹자고 했는데 이제 들어와?

엄마
쟤 오늘 봉사활동 하는 날이잖아요, 배고플 텐데 빨리 와서 먹어.

올케
어쩌나 아가씨, 밥이 떨어졌네요.

태식
사회봉사씩이나 하는데 밥은 먹여줘야 되는 거 아냐?

태희
야! 신경 꺼.

아빠
밥때 못 맞췄으면 굶어야지 밥은 무슨 밥, 배부르고 등 따시니깐
지 앞가림도 못 하면서 맨날 남 일에나 정신 팔구 다니구.

태희
나두 밥 생각 없으니깐 걱정 마.

태희가 자기 방문 앞에 서서 열쇠로 방문을 연다. 어째 잘 안 열린다.
방으로 들어간다.

아빠
그렇게 꼭꼭 처닫고 살면 방에 곰팡이 안 피냐?

가족들의 웃는 소리가 들린다.
자기 방으로 들어온 태희, 가족들의 웃음소리가 들리자 음악을 켠다.

#8. 일식점 (안/밤)

회식 중인 증권사 직원들이 삼삼오오 이야기를 나누며 음식을 먹고 있다.
혜주는 사람들의 젓가락이랑 수저랑 다 놓아주고 음식 날아오는 거
도와주고 그런다.

미연
정말 잿빛 도시야 밍밍해, 음식도 특별한 거 없구 새콤달콤한 맛이 없는 무뚝뚝한 사람 같아.

박민규
저도 지난 겨울에 갔었거든요, 공항에서 담배 피우고 싶어서 혼났죠. 얘네는 뭐든 잘 지키는 나라구나 그게 느껴지더라구요.

남직원1
근데 왜 거기 스튜어디스들은 하나같이 생긴 게 그렇죠? 예쁜 여자들을 하나도 못 봤어요.

과장
우리랑은 사람 뽑는 기준이 틀리지.

남직원1
그래도 서비스직인데 좀 예쁘고 젊은 애들 쓰면 안 되나?

미연
한번 건의해보지 그래.

박민규
그래도 뭐니 뭐니 해도 서울만큼 놀기 좋은 도시도 없어요.

사람들 틈 속에서 연신 웃고 장단 맞춰주는 혜주가 빛나 보인다.
술도 잘 받아먹는다.
혜주는 남자직원 박민규(28)의 술잔을 얼른 채워준다.
혜주, 화장실에 가려는 듯 일어난다. 웃는 얼굴로 일어서 나오며 얼굴 근육을 푸는 혜주, 눈에 식염수를 넣는다.

#9. 혜주집 앞 (밖/아침)

쨍그랑- 혜주네 집 창문 유리가 깨진다.
부모님이 싸우는 소리를 뒤로하고 문을 거칠게 쾅 닫고 나오는 혜주,
골목을 돌아서는데 어떤 승용차가 검게 폭파된 채 고철 덩어리가
되어있다.
혜주는 무심하게 지나치다가 잠시 돌아본다.

#10. 동인천역 (밖/아침)

개찰구를 지나 멈춰있는 국철에 올라타는 혜주와 사람들.
잠시 후 국철 문이 닫힌다.
국철이 빠져나가는 역사 풍경이 인천항과 함께 원경으로 보여진다.

(이미지)

달리는 국철 운전석에서 본 철로 이미지들. 정차 중인 국철로 서서히
모여드는 사람들. 국철이 역사를 빠져나가는 모습. 지하철 노선표에 붉은
전구가 하나둘씩 들어온다.

#11. 국철 (안/아침)

혜주가 작은 목소리로 따라 읽는 실용 영어의 문장들이 보인다. 덮이는 책.
아직은 그리 사람이 많지 않은 이른 국철 안, 이어폰을 꽂고 영어 공부
중인 혜주가 보인다.
혜주는 핸드폰을 꺼내 문자 메시지를 휘이익 만든다.
                    "8시 라쿠카라차 선물없음 죽음이야 메시지 전송중"
이라는 글자가 만들어진다.

혜주, 화려하게 포장된 장미꽃 스무 송이와 향수를 들고 카드를
펼쳐보고 있다.

> 여직원1
> 남자친구가 보냈나 봐... 좋겠네.

> 여직원2
> 스무 송이 장미에 향수? 이젠 키스 선물만 남았네.

지나가던 박민규가 혜주 뒤에 서서 카드 내용을 큰소리로 읽는다.

> 박민규
> 너의 스무 번째 생일을 축하해. 난 언제나 니 곁에 있을 거야,
> 찬용?

혜주는 카드를 덮는다.

> 혜주
> 박 대리님!

> 박민규
> 어떤 놈이야? 내 허락도 없이 우리 혜주 씨한테 찝적대는 놈이...
> 어, 오늘이 생일이었어? 말을 하지. 선물도 준비 못 했잖아.
> 가만있자... 오늘 나랑 영화나 볼까?

> 여직원1
> 꽃 배달까지 왔는데 약속이 없겠어요?

> 혜주
> 아니에요, 저 오늘 약속 없어요.

박민규
그치? 그럼 오늘 나랑 영화 보는 거다. 약속했다~

여직원2
박 대리님, 혜주 씨한테만 너무 유난한 거 아니에요?

미연
혜주 씨! 여기 마실 거 좀 갖다 줄래?

●

쟁반에 음료수를 들고 회의실 앞에 서는 혜주, 유리창 너머 회의실 안에는
미연이 주가 전망에 대한 방송 인터뷰 촬영을 하고 있다. 혜주는 창으로
미연이 인터뷰하는 모습을 바라보며 핸드폰을 들고 통화 중이다.

혜주
갑자기 이거이거 지금 당장 해야 한다 그러니 난들 어쩌니?
요즘 장이 안 좋아서 회사 분위기도 꿀꿀하고, 내가 뭐 힘이
있니? 제 생일이라서 안되는데요 그럴 수는 없잖아, 야 미안해~
애들한테는 니가 다시 연락 좀 해줘라. 응?

#13. 맥반석 체험실 (안/오후)

태희는 카운터에 앉아 손님에게 옷장 열쇠와 실내복을 주고 계산을 한다.
체험실 안에서 한 손님이 음료수를 달라고 소리친다.

태희
잠깐만요... 도대체 왜 맨날 내가 전화해야 되는 거니?
일일이 연락해서 약속 잡는 것도 꽤 신경 쓰이는 일이야...
난 뭐 한가한 줄 알아?

태희는 냉장고에서 음료수를 꺼내며 비류와 온조에게 전화한다.

태희
　　혜주가 일 때문에 오늘 생일파티 미루자는데? … 선물은 샀어?
　　… 어 그래 이따 놀러 갈게.

태희, 지영의 회사로 전화한다.

　　태희
　　서지영 씨 좀 부탁합니다. 그만뒀요? 언제요?
　　… 아, 네… 핸드폰으로 해볼게요.

태희, 음료수를 들고 체험실 안으로 들어간다.

　　태희
　　지금 맥반석 나오니깐 들어들 가세요.

붉게 선팅된 유리창이 있는 야릇한 분위기의 체험실 안.
불가마에서 맥반석이 굉음을 내며 서서히 나온다. 실내복을 입은
손님들이 하나둘씩 맥반석 앞으로 가서 손을 들고 서 있는 모습이 보인다.
태희, 손님에게 음료수를 내민다.

　　손님
　　아가씨 생각에는 이걸 하는 게 효험이 있기는 한거유.
　　얼마나 해야 효능이 나타나?

　　태희
　　원적외선이 나와서 혈액순환에 좋다는데 전 잘 모르겠어요.
　　맨날 여기서 낮잠 자는 데 별 차이를 못 느끼겠던데요. 저기 저
　　아줌마가 매일 오거든요? 저 아줌마한테 물어보세요.

태희, 체험실을 나오면 카운터에 있던 태희 아빠가 개량식 한복이
들어 있는 봉투를 카운터에 펼쳐놓으며 태희를 부른다.

　　아빠
　　갈아입어 봐.

태희
개량한복? 이걸 입으라고?

아빠
다른데도 다 이걸 입고 장사하는 데 보기 좋더라, 손님들에게
신뢰감도 주고.

태희
싫어, 난 절대 안 입어, 내 스타일도 아닌 옷을 어떻게 입어.

#14. 비류와 온조집 (안, 밖/오후)

현관문을 두드리는 태희가 보인다.

태희
야, 빨리 열어, 나 춥단 말야.

안에서 우당탕탕 소리가 들린다.

비류와 온조
잠깐만 기다려.

뒤돌아 기다리는 태희, 현관문이 열리더니 독수리와 킹콩 가면을 쓴
비류와 온조가 서 있다. 놀라는 태희.

태희
야 뭐야.

웃으며 가면을 벗는 비류와 온조, 둘이 똑같이 생겼다.

●

지저분한 거실에 작은 배 한 척이 놓여있다. 비류와 온조는 배에
마주 앉아 낚싯줄에 구슬을 꿰고 있다. 비류와 온조가 만드는

액세서리의 재료들이 여기저기 쌓여있다. 구슬, 깃털, 작은 인형들,
스팽글, 반짝이는 천...
태희도 옆에서 낚싯줄에다 구슬을 꿰어 넣는다.

> 비류
> 낄 때 눈이 사팔이 되지 않게 주의해야 돼.

> 태희
> 이거 하고 있으니깐 어째 마음이 착해지는 거 같다... 니넨 돈
> 모아서 가게 낼 거니?

> 온조
> 가게는 따분하잖아, 마음대로 돌아다니지도 못하구.

> 태희
> 니네들 장사하는 데나 따라다닐까? 시간은 많고 할 일은 없고
> 궁금한 건 많구.

> 비류
> 뭐가 그렇게 궁금한데? 궁금한 게 있으면 학교에 가야지.

> 태희
> 그럼 어디 대학에 가야 하나?... 이건 뭐야?

태희, 앨범에 끼어있는 샴쌍둥이 태아 사진을 꺼내 본다.

> 비류
> 우리 엄마 말에 의하면 나랑 온조랑 태어났을 때 몸이 그렇게 붙어
> 있었다는 거야. 그래서 낳자마자는 위험해서 나누지 못하고 조금
> 자란 다음 둘로 나누었대.

> 태희
> 진짜야? 그럼 너희 둘은 하나였던 거야? 이상하다. 둘의 몸이
> 이렇게 붙어 있었다니.

낯선 표정으로 비류, 온조와 사진을 번갈아 보는 태희. 초인종이 울린다.

집배원(V.O)
소포 왔습니다.

#15. 북성동 차이나타운 (안, 밖/오후)

비류와 온조, 커다랗게 포장된 소포를 들고 이국적인 북성동
언덕을 올라오고 있다.
동네는 조용하고 인적도 드물다. 붉게 치장한 중국음식점이 몇 개 보인다.
둘은 어느 집 앞에 서서 초인종을 누른다. 대문 앞에는 붉은 중국
부적이 붙어있다.

비류
외할아버지, 저희요 비류와 온조요, 엄마가 외할머니 선물을
보내셨거든요.

할아버지
난 딸 없다. (중국어)

온조
외할아버지가 딸이 없으면 우리 엄마는 누구예요?

할아버지
난 모른다. (중국어)

비류
이거 안 받으실 거예요?

온조
너무 무거워서 다시 가져갈 수도 없다구요.

비류와 온조, 인터폰에 귀를 대고 있다.

할머니
추운데 들어오라고 해요. (중국어)

비류가 온조에게 그냥 가자는 눈짓을 한다.

비류
그냥 여기다가 놓고 갈게요.

온조
외할아버지, 외할머니 만수무강하시라고 엄마가 전해 달래요.
안녕히 계셔요.

비류와 온조, 문 앞에 선물을 세워놓은 채 줄행랑을 친다.

온조
할아버진 언제쯤 화가 풀리시려나?

비류
알 수 없지, 아까 올라오다 본 학교 있지? 우리 거기서 물건 좀
팔다 갈까?

온조
그럴까?

●

비류와 온조, 화교학교 앞에서 작은 가방을 펼쳐놓고 액세서리를 팔고
있다. 교복을 입은 몇몇의 초등학생들이 구경하고 있다.

비류
저희가 직접 만든 거예요.

온조
최고의 낚싯줄로 만들어서 절대 끊어지지 않아요.

아이
좀 깎아주세요.

비류가 온조를 툭 친다.

온조
우리 둘 중 누가 언니인지 맞히면 깎아줄게.

#16. 증권사 (안/오후)

몇몇 직원이 납작이 엎드려 기어 다니며 바닥을 유심히 보고 있다.
한쪽 눈을 감은 혜주 앞에 커다란 발이 다가온다. 올려다보면 박민규다.
혜주 일어서며 감은 눈을 번쩍 뜬다.

박민규
혜주 씨, 어쩌지? 오늘 영화 보기로 한 거 나중으로 미뤄야겠는데?
급한 일이 생겨서 말야... 언제가 좋을까?

혜주
저야 뭐... 늘 오픈이죠.

박민규
그럼 약속 나중에 다시 잡자. 미안~

혜주는 윙크를 하며 저쪽으로 가는 박민규를 한참 바라본다.
한쪽 눈을 감는 혜주.

여직원1
찾았다.

콘택트렌즈를 손끝에 얹고 있는 여직원1이 보인다.

성냥불이 켜지고 케이크에 꽂혀 있는 두 개의 초에 불이 붙는다. 혜주는
모자를 벗어놓는다.

> 혜주
> 그래서 다시 내가 팀장님께 얘기를 했지, 친구들이 섭섭해한다
> 그렇게 말했더니 친구들이 그렇게 중요하니 그러시잖아? 그래서
> 그럼요 그랬지, 그랬더니 그럼 내일 하라구 그러시지 뭐야, 근데 두
> 개만 꽂으니깐 어째 스무 살이 아니라 두 살 같다.

비류와 온조, 태희, 지영, 모두 생일케이크를 앞에 놓고 앉아있다.
한쪽에 핸드폰 다섯 개가 안테나를 뺀 채 나란히 놓여있다.
스피커에서 생일 축하 음악이 흘러나온다. 혜주가 생일케이크 촛불을
끄자 아이들 박수 치고 샴페인 뿌려대고 그런다. 작은 선물을 꺼내
혜주에게 주는 태희.

> 태희
> 생일 축하해! 니가 사달라고 말한 거 그거 맞지?

> 혜주
> 맞아, 정말 고마워. 가끔 이런 색 발라보고 싶을 때가 있거든.

비류와 온조는 립스틱을 꺼내 발라본다. 까만색 립스틱이다.

> 아이들
> 마녀 같애.

비류와 온조의 선물을 뜯어보는 혜주.

> 혜주
> 이건 뭐야?

온조와 비류
뽕뽀로뽕뽕뽕~

혜주
뽕브라?

선물을 펼쳐보는 혜주.

온조
가슴 키워서 올해는 꼭 그거 한 번 해봐.

한바탕 웃는 아이들.
지영이 손수 그린 그림이 붙어있는 상자 하나를 올려놓는다.
궁금해하는 아이들.

비류와 온조
와~ 크다. 뭐야?

상자를 열다가 그림을 찢고 마는 혜주, 상자를 열고 짧게 비명을 지른다.
상자 안에는 빨간 리본을 맨 고양이가 앉아있다.

혜주
와~ 이거 나 주는 거야? 너무 귀엽다. 태어난 지 얼마나 된 거야?

지영
이름은 티티야.

비류
티티? 어째 이름이 좀 그렇다. 그지?

온조
음 많이.

고양이를 안고 있는 혜주의 핸드폰이 울린다. 지영, 핸드폰을 들어
혜주에게 전해준다.

> 혜주
> 야! 니가 여긴 뭐하러 오니?

> 태희
> 누구? 찬용이? 오라 그래.

> 비류와 온조
> 찬용이 보고 싶어.

> 혜주
> 비류와 온조가 너 보고 싶어 죽겠단다.

태희는 선물상자에 붙어있는 찢겨진 그림을 본다.

> 태희
> 이거 니가 그린 거니? 멋있다. 근데 그리려면 좀 지루하겠다.

#18. 록카페 화장실 (안/밤)

화장실로 들어와 노크하고 거울을 보며 붉어진 얼굴에 파우더를 바르는
혜주. 마침 화장실을 나온 지영. 세면대로 와 손을 씻는다. 지영과 혜주의
얼굴이 거울 속에 겹쳐있다.

> 혜주
> 너 그럼 요새 집에 있는 거야?

> 지영
> 응.

혜주
매일 뭐 하는데?

지영
유학 가면 어떨까 생각 중이야. 우리나라에서는 디자인 공부해도
다들 외국으로 유학 가야 하잖아.

혜주는 웃으며 화장실로 들어간다.

혜주(V.O)
유학은 뭐 아무나 가니? 돈이 있어야 가지.

지영, 거울을 보다가 혜주의 말이 끝나지도 않았는데 밖으로 나가버린다.

혜주(V.O)
그러지 말고 내가 일자리 알아봐 줄 테니깐 빨리 돈이나 벌어,
그래서 학원이라도 다녀보든지 알았어? 야 서지영!

#19. 록카페 (안/밤)

지영은 비류, 온조와 함께 홀에서 춤을 추고 있다.
테이블에 앉아있는 찬용(20)이 새끼 고양이를 만지고 있다.
태희, 담배를 피우며 혜주의 가죽장갑과 모자를 써보고 있다.

찬용
몸에도 나쁜 걸 뭐하러 그렇게 피워대냐? 더군다나 니네들은
엄마가 될 사람들이잖아, 정말 인류의 미래가 걱정돼.

태희
넌 혜주 어디가 그렇게 좋은 거니?

찬용
예쁘잖아, 나는 세상에서 혜주만큼 예쁜 애를 본 적이 없어.

태희
너 고양이 좋아하나 보다?

찬용
예쁘잖아, 고양이를 싫어하는 남자는 아름다운 여성을 얻지
못한다는 속담을 믿거든.

태희
그런 속담이 있어?

혜주, 자리로 돌아온다.

태희
어때? 어울려?

혜주
참아줘, 제발...

슬며시 모자를 벗어 의자에 내려놓는 태희.

혜주
야 재수생, 넌 무슨 과 갈지 정했어?

혜주가 담배를 피우려는데 담배가 떨어졌다. 혜주, 찬용을 보며,

혜주
야, 담배 좀 사 와.

찬용, 재빨리 담배 사러 간다.

#20. 신포동 지하 보도 (안/밤)

언덕이 있는 긴 지하 보도, 수위아저씨가 철문을 내리고 있다.

> 아이들
> 잠깐만요, 아저씨 스톱!

아이들이 겨우 통과하자마자 닫히는 문.

> 아저씨
> 빨리들 가, 저쪽도 문 내릴 거야.

아이들 철문을 닫는 지하 보도를 열심히 뛰어간다. 서로 인사하며
헤어지는 아이들.

> 아이들
> 잘 가, 생일 축하해, 찬용아 힘내! 잘해봐!

아이들, 혜주와 찬용만 남긴 채 웃으며 몰려간다.

#21. 혜주집 앞 (밖/밤)

고양이를 안은 혜주와 혜주의 보따리를 든 찬용이 걷고 있다.

> 혜주
> 넌 친구지 애인이 아냐, 알았어? 명심해.
> 제발 착각 좀 하지 말라구.

> 찬용
> 나 이제 갈래, 혜주야 생일 축하해.

혜주에게 선물 보따리를 준다. 뒤돌아 가는 찬용에게 소리치는 혜주.

혜주
야, 그리구 너 제발 코털 좀 깎고 다녀라. 응?

찬용을 바라보던 혜주, 고양이를 코트 사이에 넣고 집으로 들어간다.

혜주
티티야 춥지?

#22. 동인천역 (밖/아침)

출근하는 직장인들이 보이는 역사 앞에 혜주가 고양이를 안고 서 있다.
저 멀리서 지영이 오는 게 보인다.

지영
야! 꼭두새벽부터 사람을 이렇게 오라 가라 해야겠어?

혜주
별생각 없이 받았는데, 내가 키울 조건이 아니거든.
곧 이사도 가야 되고 말야.

지영은 혜주가 내미는 고양이를 받는다.

지영
니가 원래 그렇지 뭐.

혜주
근데 얘 말야, 조그만 게 왜 그렇게 똥을 많이 싸니? 나 회사
늦겠다. 언제 우리 회사 근처로 놀러 와. 맛있는 거 사줄게.

지영
언제?

혜주
언제든.

혜주, 서둘러 역사로 들어간다.
지영은 고양이를 안고 시계를 보며 하품을 한다.

#23. 극장 (안, 밖/오전)

상영 중인 영화의 화면이 보인다.
지영은 앉아 잠을 자고 있다. 지영의 무릎 위에서 고양이도 자고 있다.
영화가 끝나고 몇몇 사람들이 일어나 나간다. 계속 잠자고 있는 지영.
청소하는 극장 관리인이 커다란 크레딧 화면을 뒤로하고 지영을
흔들어 깨운다.

극장 관리인
영화를 보러와서 왜 잠을 자, 영화를 봐야지.

지영
왜 이래요.

극장 관리인
잠은 집에서 자야지 왜 극장에서 자냐고. 영화 끝났으니깐
빨리 나가.

지영
아저씨가 무슨 상관이에요.

아저씨는 지영을 일으켜 세운다.
지영은 아저씨의 손을 밀치며 고양이를 들고 일어난다.

극장 관리인
이건 또 뭐야?

지영, 고양이를 안고 극장을 나온다.
극장 앞에 있는 생활정보지를 들고 구인란을 본다. 생활정보지의
구인 글씨들.

#24. 맥반석 체험실 (안/오후)

태희가 읽는 책이 보인다. 태희에게 아빠가 맥반석 체험실
할인쿠폰이 붙은 전단지를 내민다.
태희 앞에 여객터미널 배의 출항시간표를 붙인다.

　　아빠
　　이거 보고 있다가 배가 올 때마다 터미널 입구에 가서 나눠줘,
　　근처 무역상에도 좀 돌리고.

　　태희
　　이런다고 장사가 되겠어?

　　아빠
　　여관보다 싸구 그래서 보따리상들이 선호를 한다더라.

　　태희
　　월급도 한 푼 안 주고 부려먹으면서 이런 일까지 내가 해야 돼?

#25. 증권사 (안/오후)

수화기를 드는 브로커들의 빠른 손놀림들.
시시각각 지수의 변화를 알리는 각종 그래프들이 떠 있는 모니터들.
혜주, 메모지를 들고 파티션 사이를 오가며 직원들의 점심 주문을
받고 있다.
박민규, 주문처리를 받아줄 오퍼레이터를 찾는데 자리가 비어있다.
혜주가 망설이며 비어있는 자리에 앉는다.

박민규
　　　한국통신 2만 주 7만7천8백 원 매수.

혜주, 복창하며 키보드를 치고 모니터를 바라본다.
O.K 사인을 보내는 혜주.

　　　박민규
　　　제대로 된 거야?

　　　혜주
　　　그런 것 같아요.

　　　박민규
　　　코드 번호는 어떻게 외웠어?

　　　혜주
　　　증권사 다니는데 그 정돈 알아야죠.

그때 여직원2, 사무실로 들어온다. 혜주는 일어나 박민규 옆에 선다.

　　　박민규
　　　장중에 이렇게 자리를 비워도 되는 거야?

　　　여직원2
　　　화장실도 못 가요?

　　　혜주
　　　대리님 식사는?

　　　박민규
　　　오늘 메뉴가 뭐야?

　　　혜주
　　　중국집이요.

        박민규
        난 알지? 언제나 혜주 씨랑 같은 거.

혜주, 웃으며 메모할 때 지영에게 전화 온다.

        혜주
        야, 미리 전화도 안 하고 오면 어떡해... 증권사에 점심시간이
        어딨어... 아냐, 거기 커피숍 보이지? 거기서 기다려 잠깐 내려갈게.

        직원
        혜주 씨 거기 팩스 온 거 좀 뽑아다 줄래? 그리고 난 삼선짜장.

대답하며 재빠르게 팩스로 가서 팩스를 뽑는 혜주.

#26. 역삼역 내 커피숍 (안, 밖/오후)

지하철을 타는 사람들이 오가는 게 한눈에 보이는 창가에 앉아있는
지영이 보인다.
한참을 앉아있던 지영이 일어나 커피숍을 나와 지하철 표를 끊는다.
그때 바쁘게 역사로 들어와 커피숍으로 들어가는 혜주.
커피숍에서 전화하는 혜주, 지하철 개찰구를 빠져나가는 지영이 보인다.

        혜주
        어디야?

        지영
        인천으로 가는 중이야.

        혜주
        내가 월요일은 제일 바쁜 날이라고 말했잖아.

        지영
        그럼 그냥 가라고 하지 왜 한 시간이나 사람을 기다리게 해.

혜주
잠깐 얼굴이나 볼려고 그랬지.

지영
일이나 잘해.

지영, 마침 도착하는 지하철에 오른다. 지하철이 떠난다.

#27. 선원대기실 (안, 밖/오후)

문 앞에 붙어 있는 선원모집 광고지를 보던 태희, 문을 밀고 안으로
들어간다. 몇몇 남자 선원들이 앉아 있는 대기실에 들어온 태희가
전단지를 나누어 준다.

선원
여기는 맥반석 체험할 사람 없으니깐 딴 데 가봐.

태희
아저씨... 저도 배를 탈 수 있을까요?

선원
우리가 타는 건 여객선이 아니다.

태희
저도 여객선 타려는 건 아니라구요.

선원들 크게 웃는다. 태희에게 전화가 온다.

태희
지영이? 너가 웬일이야?

버스에 앉아 전화하는 지영.

> 지영
> 네 지붕이... 그건 모르죠. 그런 방법 말고는 없나요? 나중에 다시
> 전화 드릴게요.

그때 버스에 오르던 아줌마, 지영에게 아는 체를 한다.

> 통장 아줌마
> 지영이 아니니? 할머니 할아버지는 잘 계시고?

지영, 아줌마에게 자리를 양보한다.

> 지영
> 네... 아줌마. 저 아무거나 일자리 좀 소개해주셔요.

> 통장 아줌마
> 나야 뭐 파출부 자리밖에 모르지.

> 지영
> 그런 거라두 괜찮아요, 꼭 좀 부탁해요.

> 통장 아줌마
> 어디든 한번 알아보마.

버스가 정차한다. 창밖에 태희가 서 있는 게 보인다.
지영이 버스에서 내려 태희에게 간다.

> 태희
> 어디서 오는 거야?

태희는 손에 전단 한 뭉치를 들었다.

#29. 인천 여객터미널 (안, 밖/오후)

태희와 지영, 작고 낡은 터미널에서 사람들에게 전단을 나눠주고 있다.
터미널 안은 보따리상들의 하역과 이동으로 분주하다. 바닥에 앉아 국밥
먹는 아줌마, 짐을 나르는 사람들의 모습, 알아듣지 못할 말로 시끌벅적한
터미널을 뒤로하고 지영과 태희는 나온다. 태희, 주머니에서 돈을 꺼내
지영에게 준다.

> 태희
> 너 덕분에 빨리 끝났는데? 참, 까먹기 전에 줄게... 여기.

> 지영
> 언제까지 갚아야 돼?

> 태희
> 돈 생기면 갚어, 근데 뭐 할려구 그래?

> 지영
> 어, 좀 쓸데가 있어서, 그런 착한 표정 좀 짓지 마. 너무 싫으니깐.

#30. 육교 (밖/오후)

태희와 지영은 육교를 오르며 이야기한다.

> 태희
> 너가 전화해서 의외였어.

> 지영
> 내가 그렇게 전화를 안 했나?

> 태희
> 우리 다 모일 때는 맨날 내가 연락하지, 너는 나한테 한 번도
> 먼저 전화한 적 없었어.

지영
그랬나?

태희
졸업하니깐 친구들하고 자꾸 멀어지는 거 그게 제일 섭섭해. 학교 다닐 때가 진짜 좋았는데. 매일 만나다가 떨어져 지내니깐 이젠 만나도 할 얘기도 없어지구 말야.

두 아이가 육교 중간쯤을 걸어가고 있을 때 육교 반대편에서 이상하게 차려입은 거지 아줌마가 다가온다. 거지 아줌마, 미친 듯이 중얼거리며 사람들을 건드린다.
나란히 가는 지영이와 태희 사이를 가르며 알아듣지 못할 말을 하며 지나간다. 아줌마의 눈이 무섭다. 지영은 빤히 아줌마를 쳐다본다.
두 아이는 아줌마를 슬금슬금 피해 육교를 내려온다.
육교 건너에 거지 아줌마가 보인다.

#31. 인천 가정법원 앞 (밖/오후)

잘 차려입은 성깔 있어 보이는 혜주의 엄마가 탄 자가용과 혜주 아빠의 영업용 택시가 보인다. 혜주와 언니 미주(24)가 서 있다.
엄마의 자가용이 멈춰있다.

미주
됐어, 그냥 여기 어디서 혜주랑 밥 먹고 갈래.

아빠의 택시가 서서히 다가온다.

미주
먼저 가세요.

두 대의 자동차가 나란히 법원을 빠져나가는 게 보인다.
혜주와 미주는 자동차들이 빽빽하게 서 있는 가정법원 주차장을 요리조리 빠져나간다.

혜주
난 다른 애들이 엄마, 아빠 이혼했다고 그러면서 울고 그러길래,
부모가 이혼하는 게 굉장히 슬픈 일인 줄 알았는데 별 느낌 없다,
언니야 너는 어떠니?

미주
아직 실감이 안 나서 그래.

혜주
그래도 생각보다 빨리 끝나네. 난 애들 만나고 들어갈래, 언니 먼저
들어가.

#32. 만석부두 (밖/해 질 녘)

좁은 골목으로 들어서는 태희와 지영.

지영
아까 그 아줌마처럼 거지가 될까 봐 무서워.

태희
글쎄 난 무섭다는 생각은 별로 안 해봤구, 가끔 그런 사람들 보면
궁금해서 따라가 보고 싶기는 해, 뭐하면서 지내는지, 아무런 미련
없이 자유롭게 떠돌아다닐 수 있는 건 좋은 일 아냐?

지영
과연 자유로울까? 전혀 좋을 거 같지 않은데? 어떤 일이 생길지
어떻게 알아.

골목을 돌아서면 작은 목선들이 들어와 있는 인적이 없는
갯벌의 부둣가다.
태희와 지영, 함께 부둣가를 말없이 걷는다. 지영의 핸드폰이 울린다.

지영
무슨 일이야?... 나 지금 바빠... 그래.

지영의 굳은 얼굴을 보고 있는 태희에게도 전화가 온다.

태희
어, 누구 좀 만나고 있어, 그냥 아는 친구... 난 니가 모르는 친구도
있음 안되니?... 알았어, 이따 전화할게.

태희와 지영, 잠시 침묵한다.

태희
혹시 너두 혜주?

지영
음...

#33. 핸드폰 대리점 (안, 밖/해 질 녘)

작은 상점들이 있는 길가를 걷던 지영, 진열된 핸드폰들을 유심히 보다가
가게 안으로 들어간다.

지영
번호는 그대로 하고 기기만 바꿀려고요.

직원
골라보셔요.

직원, 여러 가지 핸드폰을 진열대에서 꺼내 놓으며 핸드폰들의
장점을 설명한다.

어두운 방 안은 할머니가 뭐든 주워와서 여기저기 쌓아놓은
잡동사니로 가득하다.
할아버지는 TV에서 하는 사극을 크게 틀어놓고 보고 있다.
할머니는 미싱질을 한다. 천 조각들을 조각조각 이어서 누더기 이불을
만든다.
바구니에 기운 양말이 가득 있는 걸 본 지영이 속상해서 할머니에게
화를 낸다.

> 지영
> 이런 걸 요즘 누가 신는다고 이러는 거야.
> 양말 한 켤레에 얼마나 한다고.

> 할머니
> 뭐든지 아껴 써야 잘 살지.

> 지영
> 우리가 뭐 아낄 게 있기나 한가. 할아버지 소리 좀 줄여.

천장 한가운데서 흙더미 떨어지는 소리가 들린다. 그러다가 천장의
가운데 부분이 점점 내려온다. 지붕을 올려다보던 지영, 실 뭉텅이를 하나
만지며 다락방으로 올라간다. 할머니의 미싱질이 이어진다.

●

다락방에 앉아있는 지영, 그림 위에 놓여있는 멸치를 발견한다. 멸치를
한참 보던 지영, 고양이를 안는다.

> 지영
> 티티, 이 멸치는 뭐니?

고양이는 지영의 얼굴을 핥는다. 고양이에게 실 뭉텅이를 준다.
실 뭉텅이로 노는 고양이.
지영, 새로 산 핸드폰의 착신 음악들을 고양이에게 들려준다.

지영이 그림을 한 장 완성한다. 할머니가 기운 누더기 이불같이 여러
가지 색의 네모들이 겹쳐진 이미지의 그림이다. 지영은 놀고 있는
고양이를 안아 발바닥에 물감을 묻힌다. 완성된 그림에 고양이 발자국을
꾹 눌러 찍는다.

> 지영
> 앞으로 다 그린 거에는 니 발자국 낙관을 찍어줄게. 이렇게...

지영, 고양이 발자국을 몇 장의 그림에 찍는다. 고양이 꿈틀댄다.

#35. 맥반석체험실 앞 (밖/밤)

태희 아빠, 거중기로 올라가는 간판을 보고 조심하라고 소리를 지른다.
"원조 으뜸맥반석체험실"이라고 크게 써있는 커다란 붉은 간판이
서서히 올라간다.
몇몇 사람들이 간판 올리는 걸 보고 있다. 간판이 벽에 고정된다.
2층 창으로 밖을 내다보는 태희에게 아빠가 소리친다.

> 아빠
> 됐어, 한번 켜봐.

태희가 창문에서 사라지더니 간판에 불이 들어온다. 엽기적인 붉은 간판.
저만치서 혜주가 태희 아빠에게 인사를 하며 걸어온다.

> 혜주
> 야! 유태희!

> 태희
> 너 웬일이야?

> 혜주
> 차 타고 지나가는데 너가 보이더라고.

태희
떡 먹을래?

혜주
떡? 아니, 그러지 말고 내려와 우리 어디 딴 데 가자.

태희가 내려온다.

아빠
어떠냐? 저걸 다니까 가게가 눈에 확 띄지? 보기 좋지?

혜주
예, 보기 좋은데요.

밖으로 나온 태희, 한심하다는 표정으로 간판을 올려다본다.
주변을 붉게 밝히는 커다란 간판을 뒤로하고 둘이 나란히 걸어간다.

#36. 던킨도너츠 (안, 밖/밤)

태희, 혜주와 도너츠를 먹고 있다.
한 할아버지가 가방을 들고 후레쉬를 팔러 들어온다.

태희
... 사실은 지영이 만났었어. 돈 좀 꿔달라고 연락이 왔었거든.

혜주
어쩐지... 너 지영이한테 그렇게 잘해주지 마, 너 사람들 부탁
거절도 못하구 맨날 그렇게 살다가 남들한테 이용만 당한다구.

태희
그게 뭐 나쁘니? 사람들에게 내가 소용이 있다는 건 좋은
일이지 뭘 그래?

혜주
너가 아직 세상의 쓴맛을 못 봐서 그래.

태희
너나 쓴맛 많이 보구 살어.

혜주
지영이 니돈 절대 안 갚을걸? 나두 전에 몇 번 돈 꿔준 적
있었는데 한번두 못 받았어.

태희
진짜 돈이 없었나 보지.

태희 앞에 선 할아버지가 후레쉬를 내밀자 태희는 얘기하다
무의식적으로 손을 내젓는다.

태희
나... 주상이랑 어떡할까?

혜주
그 뇌성마비 시인? 어떡하긴 뭘 어떡해, 하여튼 철딱서니
없어가지구 말야, 애매한 동정심하고 사랑은 달라.

태희
나 진짜 걔 좋아해, 맘에 든다구.

할아버지는 가게 안의 아무도 후레쉬를 안 사자 큰소리로 화를 내고
밖으로 나간다. 태희, 할아버지를 보다가 지갑을 꺼내 밖으로 따라 나가
후레쉬를 하나 산다.
혜주가 그런 태희를 보고 있다.

태희는 주상(20)이 불러주는 시를 타자기로 받아치고 있다. 태희는 주상의 말에 온 힘을 기울여 듣고 있다. 주상은 몸을 가누는 것조차 힘든 1급 뇌성마비 장애인이다.

타자 글씨가 보인다.

> "바퀴벌레를 좋아하기는 어렵겠지만
>
> 나는 걸코 바퀴벌레를 찍 눌러..."

　　태희
　　김주상, 니 말대로 타자치는 소리는 좋아, 그치만 시를 컴퓨터로 치면 안 된다는 건 쓸데없는 고집이라고 봐.

　　주상
　　그래야 너도 만날 수 있잖아.

주상을 쳐다보는 태희, 주상이 태희를 빤히 쳐다보고 있다.

　　태희
　　왜? 내 얼굴에 뭐 묻었어?

주상, 고개를 끄덕인다.

　　태희
　　어디?

태희, 얼굴을 이리저리 만져본다. 주상이 웃는다.

혜주가 높이 쌓인 이삿짐을 안고 어렵게 계단을 올라온다. 계단을 내려가던 커다란 배낭을 메고 모자를 쓴 재호(25)가 혜주가 짐 드는 걸 도와주고 간다.

혜주
감사합니다.

혜주, 방 안으로 들어가면 미주와 찬용이 물건들을 옮기고 있다.
혜주는 그래픽 처리된 자신의 사진액자를 들고 방의 여기저기에 걸어보며
어디에 걸지 고민한다.

혜주
언니야 서울특별시민이 된 기분이 어떠니? 내가 제일 싫어하던 게
뭔지 아니? 퇴근하고 인천으로 돌아올 때 전철 안에 진동하던
돼지갈비 냄새랑 술 냄새. 생각만 해도 지겨워... 근데 우리 둘이
살긴 방이 좀 작다.

미주
나 이번 발령 때 여수지사로 가게 될지도 몰라.

혜주, 미주를 보다가 뻘쭘하게 서 있는 찬용을 본다.

혜주
너 이제 가야지 뭐해?

찬용
가라구?

혜주
그럼? 여기서 살 거야?

찬용이 인사하고 간다.

미주
아니 밥이라도 먹구 가야지 찬용아!... 너 진짜 못됐다.

혜주
내가 도와 달랜 거 아냐, 자기 오늘 할 일 없다고 운동 삼아 짐

나르고 싶다고 했다구.

●

혜주, 활짝 웃고 있는 자신의 사진 옆에 세계 지도를 붙여 놓는다.
인천에서 서울로 그려지는 선, 도시명에 동그라미를 그린다.
그때 화장실에서 언니 미주의 오바이트 소리가 들린다.

　　　혜주
　　　언니야 왜 그래? 어디 아프니?

#39. 산부인과 복도 (안/오후)

사과를 우지직 우지직 씹어먹으면서 병원 복도를 거니는 혜주.
복도에 붙어있는 자궁과 태아의 모습이 그려진 그림들과 피임의
여러 가지 방법들이 쓰여있는 포스터들의 이미지가 짧게 깜박깜박
페이드 된다.
혜주, 카운터의 간호사에게 간다.

　　　혜주
　　　저기요, 물어보고 싶은 게 있는데요.

간호사, 하던 일을 멈추고 혜주를 본다.

　　　혜주
　　　저기 여자가 영원히 아이를 가지지 않으려면 어떤 수술을 해야
　　　해요? 비용은 얼마나 들죠?

미주가 휠체어를 타고 수술복을 입은 모습으로 간호사와 나온다.
혜주, 회복실로 미주를 데리고 간다.

#40. 산부인과 회복실 (안/오후)

몇몇 여자들이 누워 휴식을 취하고 있다.
나이가 유난히 많아 보이는 아줌마도 있다.
혜주는 미주를 침대에 눕히며 소근거린다.

>혜주
>두 시간쯤 있으면 마취 풀리고 괜찮아진대, 괜찮아?
>언니 힘없어 할 필요 없어, 제대로 키우지도 못할 애를 낳아서
>뭐 해. 낙태하는 게 무슨 죄도 아니고.

>아줌마
>아가씨들, 이 수술 자주 하면 머리 나빠져.

회복실 아주머니들 웃는다. 미주도 웃는다.

#41. 지영집 (안/밤)

전화를 하고 있는 지영.

>지영
>한번 와서 보시기나 하셔요. 이런 건 주인집이 고쳐줘야 한다구요.
>여보세요, 여보세요...

지영, 전화를 내려놓는다.

>할머니
>뭐라든?

>지영
>이참에 아주 이사를 가래. 할머니 우리도 이사갈까?

천장에서 흙가루 떨어지는 소리가 난다. 천장의 가운데 부분이 많이
내려왔다. 흙이 떨어진다. 방바닥에 대야를 가져다 놓았다.

>   지영
>   이부자리를 저쪽으로 옮겨야 되겠어.

지영, 누워있는 할아버지의 이불을 끌어당긴다.

>   할아버지
>   지영아, 산에는 절대 가지 마라, 애비 산에서 죽은 거 알고 있지?

>   지영
>   알았어, 산에 안 가.

>   할아버지
>   너 태어났을 때 애비가 우리 지영이가 여왕이 될 거라고 했었는데.

●

다락방으로 올라오는 지영,
지영의 그림 위에 겨우 날갯짓하는 커다란 나방이 보인다. 지영은 나방을
유심히 본다. 지영이 고양이를 본다. 야옹.

>   지영
>   티티, 이거 너가 한 짓이지? 근데 겨울에도 나방이 있니?

지영이 다락방 창문을 열고 나방을 후- 불어 날려 보낸다.
티티, 열린 창밖으로 휙 나간다.

#42. 지영집 지붕 (밖/밤)

지영, 다락방 창문을 통해 지붕으로 나온다. 저쪽에서 고양이가
유유히 지붕 위로 올라가는 게 보인다.

지영
티티 이리와, 이리 오라니깐.

지영이 조심스럽게 지붕 위를 걷는다. 티티를 잡으려고 다가가는 지영,
움푹 패 있는 무너져 내리는 지붕 사이로 티티가 들어간다.
지영, 티티를 꺼내려고 하는 게 보인다. 티티, 지붕 안의 나무 기둥
사이에 숨어있다.
지영이 나무 기둥을 잡아당기면 퍽하고 썩은 나무의 일부가 뽑혀져
나온다. 비틀거리며 지붕 위에 미끄러지는 지영, 몇 개의 기와들이
바닥으로 떨어져 내린다.
골목을 지나가던 사람이 놀라며 지영을 바라본다.

#43. 면접실 (안/오후)

햇빛이 쏟아져 들어오는 커다란 빈방, 지영이 면접 보는 순서를
기다리고 있다.
작은 목소리로 면접을 기다리는 사람들이 두런거린다. 지영이 허밍으로
노래를 낮게 부르며 면접순서를 기다리고 있다.

●

면접관1, 2와 마주 앉아 면접을 보는 지영.

면접관1
100m 달리기는 몇 초에 뛰는가?

지영
네?

면접관1
술은 잘 먹나?

면접관들 웃는다.

면접관2
전화 정도는 받을 수 있어야 하는데 영어는 좀 하나?

지영
아니요.

면접관2
컴퓨터는?

지영
잘은 못해요.

면접관2
운전은 할 줄 아나?

지영
아니요.

면접관1
그럼 영업부는 안 되겠고, 경리밖에 없는데, 여기 보니깐 부모님이
안 계시는 걸로 되어있는데...

지영
네, 할머니 할아버지랑 사는데요.

면접관1
어린 나이에 고생이 많겠군그래, 경리로 일할려면 보증을 서 줄
직계가족이 필요한데...

지영, 자리에서 벌떡 일어난다.

#44. 지하 보도 (밖/오후)

지영이 빠른 걸음으로 지하 보도 계단을 내려온다.
길고 어두운 지하 보도의 벽 쪽에 붙어 걷고 있는 지영의 옆으로 책가방을
멘 꼬마 아이들이 피리를 불며 걸어간다. 지하 보도 안은 불협화음으로
들리는 피리 소리로 가득 차고 지영은 빠르게 걸어간다.

#45. 지영집 (안/밤)

지영, 거울을 보며 자신의 머리에 염색약을 바른다. 고양이의 흰 다리털에
염색약을 묻힌다.

> 지영
> 너도 해줄까?

책상 위에 그리다 만 소용돌이치는 모눈종이가 보인다.

#46. 동인천역 앞 (밖/밤)

좌판을 펴놓고 장사하고 있는 비류와 온조가 보인다. 몇몇 여자아이들이
액세서리를 구경하고 있다. 사람들 사이로 찬용이 한 여자아이와
웃으면서 지나가고 있다.

> 온조
> 쟤 찬용이 아니니?

> 비류와 온조
> 찬용! 엄찬용!

돌아보며 어색하게 오는 찬용, 평소보다 잘 차려입은 모습.

비류
너 오늘 좀 달라 보인다? 쟨 누구야? 예쁜데?

좀 떨어져서 새침하게 서 있는 여자아이.

찬용
그냥 아는 후배.

온조
너 남고 나왔잖아?

찬용
학원 같이 다니는 애야, 나중에 보자.

여자아이와 황급히 떠나는 찬용.

비류
좀 이상하지?

온조
음 많이.

핸드폰이 울린다. 동시에 받는 비류, 온조.

#47. 멀티프레임 (안, 밖/밤)

아이들이 각자 전화하는 모습이 보이다가 프레임이 4개로 나누어진다.

(동인천역사 앞) 전화하는 비류와 온조.

비류와 온조
일요일에는 장사해야 되는데...

(태희 방) 태희, 전화하고 있다.

태희
혜주가 일요일밖에 안 된다니 어떡하니, 난 뭐 한가해서 맨날
너희한테 연락하고 이러는 줄 아니?

(지영 집) 지영은 염색하며 다락방에서 통화 중이다.

지영
글쎄...

태희
한 달에 한 번씩은 만나줘야 우정이 유지되지, 이러다가 우리
우정 금방 금 간다구.

비류와 온조
꼭 그래야 돼?... 알았어, 그러지 뭐.

(편의점) 혜주는 언니와 함께 물건을 사고 있다.

혜주
근데 인천까지 언제 가니... 니네가 서울로 오면 안 돼?

태희
넷이 서울로 가는 게 낫냐, 너 하나가 인천으로 오는 게 더 낫냐?

혜주
너희 넷이 서울로 오는 거...

#48. 거리 (밖/오후)

한쪽에서 태희와 비류, 온조는 인형 뽑기를 하고 있고 그 옆에는
미얀마인들이 구경하고 있다.

머리를 노랗게 염색한 지영은 그 앞 벤치에 앉아 책을 읽고 있다.
혜주가 다가온다.

　　　혜주
　　　어, 서지영, 머리가 왜 그래? 양아치 같애. 애들은 어딨어?

저쪽에 있는 애들에게 손을 흔드는 혜주,
혜주를 잠깐 올려다보고 다시 책으로 시선을 돌리는 지영.

　　　혜주
　　　무슨 책을 그렇게 추운 데서도 열심히 봐? 뭐야?

혜주가 책의 표지를 보려고 한다. 지영은 혜주의 손을 뿌리치며
책을 가방에 넣는다.
혜주, 기분이 나쁘다. 혜주와 지영, 서로 어색하게 앉아있다.
비류, 온조는 뽑은 인형을 들고 온다. 혜주를 보고 왜 그렇게 늦었냐며
혜주의 양옆에 앉는다.

　　　비류
　　　우리 저번에 찬용이 봤다.

　　　온조
　　　어떤 여자애랑 가고 있던데?

　　　혜주
　　　그래서?

　　　비류
　　　그냥 그랬다구, 근데 그 여자애 무지 귀엽더라.

　　　온조
　　　찬용이랑 잘 어울리던데?

혜주
그게 나랑 무슨 상관이야?

옆에서는 미얀마인들이 태희에게 같이 놀자며 따라온다.

미얀마인들
나 한국 사람 좋아, 나 한국 여자 사랑해.

태희
한국말 잘하네요. 어디서 오셨어요?

미얀마인
미얀마.

태희
야 미얀마가 어디 있는 거니?

비류와 온조
버마, 버마.

태희
어쩔까? 같이 놀자는데?

혜주는 태희의 말에 일어나 다른 쪽으로 간다. 다른 아이들도 따라간다.
태희는 미얀마인들에게 손을 흔든다.

태희
왜 재미있을 거 같은데 같이 놀자.

혜주
야 공돌이들하고 뭘 놀아.

아이들 순간 지영을 본다.

지영
나 이제 공장 안 다녀.

혜주
태희야, 넌 동남아 타입인가 봐, 왜 그렇게 동남아 남자들이
꼬이니?

온조
이제 뭐 하지?

다섯 아이가 천천히 거리를 걸어간다. 아이들의 걷는 속도가 모두 다르다.
서로 앞서거니 뒤서거니 하며 걸어간다. 혜주는 저만치 앞에 가며
아이들을 보기도 한다. 그때 아주 센 바람이 불어온다.
간판이 흔들리고 상점의 옷이 날리고 휴지통이 덜컹거리며 봉지들이
여기저기 날아다닌다. 머리카락이 부서지듯 날린다. 아이들 옷을 여미며
날아가 버릴 것 같다고 소리를 지른다. 서로의 옷자락을 잡는다.

아이들
얘들아 나 좀 붙잡아줘.

아이들, 버스정류장에 나란히 서 있다. 저마다 다른 곳을 바라보고 있다.
버스정류장에 도착한 서울행 고속버스가 아이들의 모습을 가린다. 버스에
함께 우르르 올라타는 아이들.

(이미지)
고속버스 안에서 본 해가 지는 경인고속도로, 뒤로 멀어져가는 연기를
뿜어내는 거대한 싸일로들, 인천 톨게이트, 고가도로에서 본 동대문
일대의 야경, 옷을 사는 사람들, 즐비한 포장마차들이 달리는 자동차의
시점으로 느리게 보인다.

사람들이 많은 상가의 좁은 복도 사이로 옷을 구경하는 다섯 아이의 모습이 보인다. 혜주는 앞장서서 옷을 고르느라 정신이 없다. 혜주는 이미 여러 개의 쇼핑백을 들고 있다. 비류와 온조는 만화 캐릭터들이 프린트되어있는 가게에 멈추고 세 아이들은 계속 간다. 이 옷 저 옷 만져보고 가격표도 확인하는 혜주, 지영은 그런 혜주를 본다.

> 주인
> 아가씨, 그거 해, 아가씨 입으면 잘 어울리겠다.

> 혜주
> 입어봐도 되죠?

혜주, 옷을 입고 거울을 본다. 태희가 혜주의 쇼핑백들을 들어준다. 혜주가 지영을 본다.

> 혜주
> 이거 어때? 살까?

> 지영
> 촌스러워.

혜주, 기분이 나쁘다.

> 태희
> 또 살려구?

> 혜주
> 갖고 싶은 게 계속 보이는데 어떡해.

지영이 다른 쪽으로 가자 태희도 따라간다.

혜주
이거 얼마에 주실 거예요?

태희는 지영을 따라가다가 집기류를 파는 가게에서 칼을 보고 멈춘다.
지영은 외부로 나가는 출입구 쪽으로 간다.
혜주는 계산을 마치고 두리번거리며 아이들을 찾는다. 아이들이 아무도
없다. 혼자 돌아다니며 옷을 구경한다. 전화를 받는 혜주.

혜주
어디야?

칼을 하나 사는 태희.

주인
아까 히말라야 간다는 사람들도 이 칼 사 갔어.

칼을 챙기고 혜주에게 전화하면서 가고 있는데 비류가 보인다.

태희
넌 어딘데? 야 온조야!

비류
나 비류야.

태희
온조는?

비류
나도 모르겠어.

혜주가 전화하며 걷는다.

혜주
거의 다 왔으니깐 그럼 거기 그대로 있어...

아니야 거기 있어 내가 갈게.

혜주는 가다가 온조를 만난다.

> 혜주
> 야 비류야.

> 온조
> 나 온조야, 비류 어딨어?

> 혜주
> 저기 입구 쪽에 태희랑 있대.

혜주와 온조, 나란히 입구 쪽으로 걸어간다. 그러나 아이들은 없다.

> 혜주
> 여기 입구 쪽에 있겠다더니 어디 간 거야.

> 온조
> 반대쪽 입구로 간 거 아냐?

혜주, 다시 태희에게 전화한다.

> 혜주
> 아까 우리 들어온 입구 있지? 우린 거기 있는데 너흰 어디야?

태희와 걷던 비류가 저쪽에 멀리 있는 온조를 발견한다.
함께 모인 비류, 온조, 태희, 혜주는 입구 쪽으로 나온다.

> 태희
> 근데 지영이는?

아이들 서로 모르겠다고 고개를 젓는다.

혜주
저기 있네.

아이들 쳐다보면 위쪽 1층 에스컬레이터 입구 쪽에 지영이
서 있는 게 보인다. 아이들, 지영을 부르며 에스컬레이터를 타고
상가 바깥쪽으로 나간다.

#50. 두타광장 앞 (밖/밤)

지영이 에스컬레이터를 타고 올라오는 아이들을 보고 뒤돌아선다.
동대문의 의류상가 네온사인들이 번쩍번쩍한다. 젊은 여자애들의 물결로
인산인해다. 한쪽에서는 펌프가 한창이다. 댄싱팀의 무대에 환호하는 젊은
여자아이들의 모습이 보인다.
다섯 아이 구경하며 사람들 틈을 가로질러 다닌다.

지영
나 먼저 갈래.

혜주
넌 왜 온종일 뚱한 얼굴이야?

지영
그래서 오기 싫다고 했잖아.

혜주
누가 널 억지로 끌고 왔니?

지영이 혜주를 쏘아보다가 빠른 걸음으로 뒤돌아 간다.
태희, 지영을 따라간다.

태희
지영아, 애들하고 같이 가자.

지영
나 기분도 안 좋은데 괜히 왔나 봐, 먼저 갈게.

지영은 급히 지하철 역사를 향해가고 태희는 가는 지영과 남아있는
아이들 사이에서 양쪽을 바라본다. 남아있는 아이들에게 다시 온 태희.

혜주
니들이 서울까지 왔는데, 내가 쏠게, 뭐 좀 먹고 가자.

#51. 국철 (안/밤)

지영이 국철을 타고 있다. 용산역쯤에서 전등이 갑자기 나가고
컴컴해진다.
이내 들어오는 전등.

#52. 동대문역사 (안, 밖/밤)

아이들, 동대문역사를 걸어 다닌다. 몇 개의 환승역을 지나 국철을 타기
위해 플랫폼으로 내려오는 아이들.

태희
야, 너 지영이한테 자꾸 왜 그래?

혜주
맨날 자기만 특별한 척하구 말야.

태희
옛날에는 너희 둘 제일 친한 사이였잖아.

혜주
너 요즘 진짜 지영이랑 친해졌나 본데 응?

국철이 서서히 역사로 들어온다. 인천행 막차임을 알리는 방송이 들린다.

> 태희
> 넌 너가 필요할 때만 친구지? 너 한 번이라두 친구에 대해
> 진지하게 생각해 본 적 있어? 너한텐 도대체 뭐가 중요한 거야?

> 혜주
> 옷이다 왜?

> 비류와 온조
> 야 저거 막차인가 봐. 태희야 빨리 다지.

비류와 온조, 뛰어가서 국철에 오른다. 혜주와 말하던 태희도 뛰어간다.
급하게 닫히는 국철의 문.
국철이 떠나고 친구들에게 손을 흔들던 혜주가 커다란
역사를 천천히 빠져나간다.

#53. 동인천역 (밖/밤)

국철에서 내린 지영이 개찰구를 나오는데 돈이 모자라서 삐 소리가 난다.
매표검사원이 다가온다.

> 지영
> 아저씨 600원인 줄 알았어요.
> 지금 돈이 한 푼도 없는데 어떡하죠?

검사원이 웃는다.

> 매표검사원
> 어떡하긴 뭘 어떡해? 몸으로 때워야지.

지영, 검사원의 말을 듣고 황당하다. 부글부글 속이 끓는다.
경멸하는 듯한 얼굴로 가운뎃손가락을 내민다.

지영
몸으로 때우는 게 어떤 거야? 자 이거면 돼?

지영, 검사원을 팍 밀치고 빠르게 역사를 빠져나간다.

#54. 지영집 (안, 밖/밤)

천장은 점점 내려와 무너져 내릴 듯이 방을 위협한다.
지영, 할머니 할아버지와 밥을 먹는다.
할머니는 커다란 총각김치를 베어먹지 못해 고생한다.

지영
칼로 잘라먹으면 되잖아.

지영, 신경질적으로 수저를 던져놓고 부엌으로 간다.
지영이 부엌에서 칼을 들고 나온다. 대문 밖에서 지영을 부르는 소리가
들린다. 통장 아줌마가 문을 밀고 들어온다.

지영
통장 아줌마가 웬일이서요?

통장 아줌마
쓰레기봉투 주러 왔지, 근데 아직도 일자리 못 얻었니?

#55. 통근버스 (안, 밖/아침)

신공항으로 가는 통근버스에 앉아 있는 통장 아줌마와 지영.

통장 아줌마
여기가 다 좋은데 교통이 너무 불편해서 나두 소개시켜
주기가 좀 그랬지.

지영
전 괜찮아요.

통장 아줌마
일단 다녀보다가 더 좋은 데가 생기면 옮겨.

창밖에는 넓은 갯벌이 펼쳐져 있다. 통근버스가 서서히 공사 중인 인천
신공항으로 들어선다.

#56. 혜주집 (안/오후)

미주는 커다란 가방에 짐을 챙긴다.

미주
세금은 다 이 통장으로 자동이체 되게 해놨으니깐 이거 잘 가지고
있고, 나갈 땐 꼭 창문까지 다 잠그고 나가고...

혜주
주말마다 온다며 뭘 그래? 영영 떠나는 사람처럼...

미주
그래도 혹시 모르잖아... 가끔 엄마, 아빠한테 전화 좀 하구 그래,
이거 선물.

미주는 로봇 강아지를 꺼내 보인다.

혜주
언니야, 우리 올여름엔 꼭 휴가 똑같이 맞춰서 놀러 가자.

혜주와 미주, 돌아다니며 멍멍거리는 로봇 강아지를 보며 웃는다.

미주와 혜주, 찬용이 커다란 가방을 들고 터미널로 들어선다.
떠나기 직전인 고속버스 앞에 서 있는 혜주와 미주. 찬용은 가방을
차의 짐칸에 싣는다.

  미주
  너답지 않게 무슨 배웅을 나온다고 그래, 찬용이만 성가시게
  하고...

  혜주
  멋있잖아, 떠나는 차보고 손 흔들어주고,
  언니야 전화 자주 해야 돼.

  미주
  그래 알았어.

혜주는 미주를 안는다. 고속버스에 오르는 미주에게 손을 흔드는 찬용과
혜주. 버스 창밖으로 손 흔드는 혜주가 보인다.

●

터미널을 걷던 찬용이와 혜주, 상점에서 헬륨 풍선을 산다.
풍선의 공기를 깊게 들이마시고 목소리를 변조시키며 웃는 혜주.

  혜주
  야! 엄찬용! 너 우리 집 갈래? 맛있는 거 해주께... 근데 너 또 머리
  이발소에서 깎았지? 티가 나요 티가. 미장원에서 자르라고 몇
  번이나 말해야 알겠니?

#58. 혜주집 (안/밤)

한쪽에서 하드 케이스를 열고 컴퓨터를 고치고 있는 찬용,
한쪽에서 요리하는 혜주.

혜주
다 고쳤어?

찬용
좀 더 봐야 알겠는데?

혜주
먹고 해.

작은 식탁에는 간이접시에 수저받침까지 수많은 접시가
세트로 빼곡히 놓여있다.
혜주, 냄비 뚜껑을 열면 라면이 보인다. 작은 접시에 라면을
덜어주는 혜주.

찬용
다른 애들은 어떻게 지내?

혜주
몰라, 지영이가 백수 되더니 태희랑 자주 만나나 봐.

찬용
왜, 애들이랑 싸웠냐?

혜주
요즘은 만나도 재미가 없어, 학교 다닐 때야 학교가 싫고
그러니깐 선생들 욕하는 재미에 놀았는데... 너야말로 오늘은
데이트 없나 보지?

찬용
아? 걔?... 그냥 학원 친구야... 같은 동네 살아서 그날
같이 간 거뿐이야.

혜주
누가 물어봤어?

마감 직전의 사무실은 분주하다. 혜주는 바쁘게 체결확인서를
이메일로 보내주고 있다.
태희에게 온 전화를 받는 혜주.

> 혜주
> 무슨 일이야?

> 태희
> 아무 일도 없다 왜? 꼭 무슨 일이 있어야 전화하니? 넌 매일
> 나한테 심심하다구 전화하면서 내가 먼저 전화하면 안 되는 거니?

> 혜주
> 나 지금 바뻐.

> 태희
> 너 지영이한테 사과했어?

> 혜주
> 야! 뭐 대단히 큰 잘못을 했다구 사과까지 하니?

혜주, 컴퓨터에 붙어있는 교복 입은 친구들과 함께 찍은 스티커 사진이
떨어지려고 하는 것을 본다. 손톱으로 다시 붙여놓는다.

#60. 시내버스 (안/오후)

태희, 버스에 타고 혜주와 통화 중이다.
버스 안에서는 아저씨가 일곱 가지 색깔의 무지개 칫솔 세트를 판매한다.

> 혜주
> 지금 마감 시간이라서 바쁘니깐 이따 밤에 전화해.

태희
야 신혜주!

핸드폰을 끄는 태희, 창밖을 바라본다. 칫솔 파는 아저씨의 구구절절한
판매 멘트가 들린다.
다시 핸드폰을 열고 문자 메시지를 날린다.
"지영아! 어떻게 지내니? 연락 좀 해 메시지 전송중"
태희의 무릎 위에 놓이는 칫솔 세트.

#61. 신공항 식당 (안/오후)

지영이 기내식을 만드는 거대한 기계들이 움직여 돌아가는 식당에서
유니폼을 입고 일하고 있다. 퇴근 시간을 알리는 음악이 들리고 기계가
하나둘 멈춘다. 일하던 사람들이 우르르 모자와 마스크를 벗는다. 지영과
옆에 있던 통장 아줌마도 마스크를 벗는다.

#62. 지영집 앞 (밖/오후)

태희, 주소를 들고 두리번거리며 지영이네 집을 찾고 있다. 낯설기만 한
빈민가의 좁은 골목들을 헤매는 태희가 보인다.
지영이네 집 앞까지 왔다. 담벼락에 그려진 벽화는 빨간 스프레이로
낙서가 되어있다.
태희, 주소를 확인하고 문을 살짝 열고 안을 들여다본다.

태희
계세요? 여기가 지영이네 집인가요?

#63. 인천신공항 청사 (안, 밖/해 질 녘)

지영이 통장 아줌마와 컴컴하고 조용한 공사 중인 공항청사를 걷고 있다.
지영의 뒤로 시험운항 중인 비행기가 활주로를 달려 이륙한다.

지영, 핸드폰을 켠다. 핸드폰 삐삐거린다. 태희가 보낸 문자 메시지가
여러 개 와있다.

"지영아! 어떻게 지내니? 연락 좀 해"
"지영아! 너 진짜 연락 안 할래?"

#64. 지영집 (안/밤)

태희, 방 한쪽에 앉아있다. 내려앉은 천장을 한참 바라본다.
누워있는 할아버지가 보인다.
태희, 벽에 걸려있는 낡은 인천풍경이 담긴 사진을 바라본다.
할머니가 커다란 왕만두가 담긴 접시를 들고 들어온다.
태희에게 만두를 권하는 할머니.

    할머니
    우리 지영이 친구가 놀러 온 건 처음인데, 참하게도 생겼지.

태희, 만두를 받아먹는다. 태희가 만두를 하나 다 먹자 할머니는 다시
하나를 준다. 억지로 하나를 더 먹는 태희. 다시 만두를 권하는 할머니.

    태희
    전 이제 됐어요, 할머니도 좀 드셔요.

할머니, 자꾸 만두를 권한다. 다시 먹는다.

#65. 지영집 앞 (밖/밤)

소화가 영 안 되는 태희, 지영 집 앞에 기대고 서 있다.
지영이 저쪽에서 온다.

    지영
    너 여기 웬일이야?

태희
그냥... 너가 어떻게 지내는지 궁금해서 방문한 거야. 같이
산책이나 할까 하고.

둘이 골목을 걸어 나간다.

태희
왜 전화도 안 하니? 몇 번이나 메시지 남겼는데...

지영
그동안 일이 좀 많았어.

태희
혜주 일은 너무 담아두지 마...

지영
혜주가 뭘...

태희
너가 할머니, 할아버지랑 사는지 몰랐어.

지영, 풋하고 웃는다.

#66. 자유공원 (밖/밤)

둘은 어두운 밤거리를 말없이 걷는다.
나무 잔가지들의 그림자만이 검게 아스팔트 위를 가로질러
무늬를 만들고 있다.
지영과 태희, 돌아다니다가 식당의 주방이 보이는 골목 구석에 앉는다.
음식을 만드는 소리와 음악 소리가 흘러나온다.
태희, 담배를 꺼내 불을 붙인다.

지영
나두 하나 줄래?

지영, 담배 한 모금을 빨더니 쿨럭거린다.

태희
언니가 피우는 걸 한번 봐... 이렇게.

둘이 담배 연기를 내뱉는다.

태희
그림은 잘 돼가?

지영은 자신이 색칠한 그림을 한 장 꺼내준다.

태희
나 주는 거야? 고마워.

태희는 버스에서 산 칫솔을 꺼내 지영에게 선물한다.

태희
이게 요일 칫솔이거든? 매일 바꿔가며 이 닦으면 기분이
좋아질 거야.

지영
월, 화, 수, 목, 금, 토, 일 이렇게?

태희
아니 월, 화, 수, 목, 금, 토, 일 이렇게.

웃으며 자리에서 일어나 다시 걷기 시작하는 둘.

지영
넌 앞으로 뭐 할 거니? 졸업하고 일 년이나 별일 안 했잖아.

태희
너 혹시 워킹 홀리데이라는 말 들어봤니?

지영
아니, 그게 뭔데?

태희
신문에서 봤는데 호주에서 공짜로 일자리도 소개시켜주고 영어
공부도 시켜주고 그러는 거라는데, 괜찮겠지?

지영
설마 그런 게 있을라구. 아무나 할 수 있는 거래?

태희
거기는 땅은 넓은데 사람은 별루 없으니깐 하는 거겠지.

지영
그런 게 진짜 있다면 나두 가구 싶다,

태희와 지영, 밤거리를 걷는다.

#67. 맥반석 체험실 (안/밤)

문을 들어서는 태희. 겉옷을 벗고 아빠와의 교대를 준비한다.
아빠는 카운터에 앉아 계산기를 들고 돈을 세고 있다. 몇몇 손님들이
텔레비전을 보고 있다.

아빠
어딜 그렇게 싸돌아다녀? 어디서 온종일 수다나 떨 게 뻔하면서.

태희
여자들은 그 어떤 진지한 얘기를 해도 수다가 된다니깐.

아빠
말은... 우리 딸 이리 와 봐. 너같이 못생겨서 어디 시집이나 갈 수
있을지 모르겠다.

태희
짚신도 다 제 짝이 있대.

아빠
내가 평생 끼고 살아야 될까 봐 걱정이 태산이다.

태희
아빠, 나도 공부해서 대학이나 갈까?

아빠
그럼 가게는 누가 보고? 대학 갈 거면 진작부터 공부를
잘했어야지, 가게 지키다가 시집이나 가. 요즘 봐라 석박사들도 다
장사에 뛰어드는 판에... 넌 나 닮아서 공부는 안 돼, 우리 가문은
대대로 머리가 나빠서 공부로 성공한 놈은 한 놈도 없어.

태희, 할 말이 없다. 아빠를 본다.

아빠
그래서 무슨 과 가고 싶은데?

태희
정치인이 되면 어떨까? 사람들을 위해 좋은 일을 많이 하고 싶어.

아빠
차라리 개그맨을 하는 게 어떠냐? 너 사람 웃기는 소리 잘하잖니?
가게나 잘 봐.

아빠, 체험실을 나간다.

태희
개그맨?

텔레비전에는 개그맨들이 나와서 웃기는 프로그램을 하고 있다.
태희, 리모컨으로 채널을 돌리면 뉴스에서 정치인들이 모여
있는 게 보인다.
태희, 손가락을 계속 움직여 뉴스와 개그 프로를 번갈아 가며 돌려본다.
손님들 개그 프로를 봐야 한다며 아우성친다.

#68. 태희집 (안/밤)

태희가 창문을 열면 야간 불빛을 반짝이며 비행기가 지나간다.
혜주와 통화 중이다.

태희
나 스튜어디스 되면 어떨까?

혜주, 엄청 웃는다.

혜주
그게 하고 싶다고 아무나 되니? 외모가 중요하니까.

태희
그거 무슨 뜻이야?

혜주
나니까 솔직히 얘기해 주는 거야, 너한텐 어떤 과가 좋을까?

태희
뭔가 의미 있는 걸 할려구. 그리고 내가 좋아할 수도 있는...

혜주
그런 막연한 생각으로 어떻게 공부를 하겠니?

태희
넌 왜 남이 뭔가 하려고 계획을 세우면 맨날 무시하니?

#69. 증권사 화장실 (안/오전)

혜주는 거울 앞에 서서 콘택트렌즈를 빼며 태희와 통화 중이다.

혜주
너가 잘 몰라서 그러는데 사회생활을 오래 한 언니 말을 들어,
무역학과나 정보처리과 그런데 가... 내가 이십 평생에 범한 가장
큰 실수가 뭐라고 생각하는지 아니? 별생각도 없이 여상에 간 거.
인천에서 제일 좋은 여상 나오면 뭐 해, 누가 알아주지도 않는데...
그치만 후회는 안 해. 대학 간 애들보다 4년을 벌었다고 생각하지,
대학 안 가구 성공할 거야... 서태지처럼, 그래서 여기저기 출장도
가고 말야... 어? 야! 잠깐 끊어봐.

렌즈를 자세히 보는 혜주, 한쪽 끝이 찢어져 있다. 속상한 혜주, 렌즈를
수돗물에 씻어버린다.
한쪽 눈을 감고 거울을 쳐다보는 혜주. 뿌옇게 형상만 보일 뿐
거의 안 보인다.

#70. 증권사 (안/오전)

미연이 새로 온 두 명의 신입사원을 소개하고 있다.
신입사원들이 차례로 자기소개를 하고 인사를 하자 과장되게
큰 박수를 치는 박민규.
안경을 낀 채 고개를 푹 숙이고 있는 혜주.
옆의 여직원1이 그런 혜주를 유심히 쳐다본다.

여직원1
혜주 씨 눈이 정말 나쁜가 봐? 안경 끼니깐 공부벌레 같애.

박민규, 신입들을 끌고 혜주 앞을 지나간다.

> 박민규
> 역시 우리 학교 후배들이라 지성에다가 미모까지... 혜주 씨, 우리
> 마실 것 좀 주라, 어~ 이게 누구야? 혜주 씨 맞어? 안경 때문에 못
> 알아보겠는데? 눈이 새우젓만 해 보이네?

혜주는 고개를 들지 못한다.

#71. 코엑스몰 안경점 (안, 밖/오후)

유니폼을 입은 채 시력검사용 안경을 쓴 혜주의 모습.

> 주인
> 한번 일어나서 걸어봐요. 어지럽진 않죠?

안경점 안을 걸어보던 혜주는 창밖으로 지나가는 박민규와
신입사원들을 본다.
안경점 안의 혜주를 못 보고 떠들썩하게 지나가는 사람들.

#72. 증권사 복도 (안/오후)

자판기에서 콜라 캔을 뽑던 혜주, 화장실로 들어가는 박민규를 발견한다.
콜라를 열심히 마구 흔들어대는 혜주. 화장실에서 박민규가 나온다.

> 박민규
> 왜 안경 계속 쓰고 다니지 벌써 벗었어, 재미있던데 하하하?

> 혜주
> 박 대리님, 이거 드세요.

박민규
어? 왜 이래?

혜주
좋아하면 뭐든 주고 싶어지는 거 아니겠어요?

박민규
어?... 암튼 고마워. 잘 마실게, 역시 혜주 씨밖에 없다니까.

박민규에게 콜라를 건네주고 스르륵 뒤돌아서는 혜주.
박민규가 콜라 뚜껑을 딴다. 팍- 넘쳐흐르는 콜라, 소리치는 박민규.
혜주, 웃으며 사무실로 들어간다.

#73. 안과 (안/오후)

기계에 턱을 끼고 눈의 안압과 굴절을 검사하고 있는 혜주,
검사를 마치자 태희와 통화한다.

혜주
어디야? 그럼 하나 사와, 예쁜 걸루, 덕분에 서울 나들이 하고
좋지 뭘 그래.

●

수술대 위에 눕는 혜주, 레이저 기계가 가동된다. 공기주머니가 머리를
고정한다. 기계가 눈꺼풀을 고정한다. 혜주, 눈을 부릅뜬다.

의사
자 빨간 점만 보는 겁니다.

혜주
네.

빨간 구멍이 보인다.

의사
이제 씁니다.

눈에 붉은 레이저 빛이 쏘여지며 각막이 소프트렌즈처럼 투명하게
벗겨진다. 태희는 안과 수술실 앞의 액정 모니터 화면을 보고 있다. 각막이
벗겨지는 커다란 눈.

#74. 안과 입구 (밖/오후)

태희가 안경 케이스에서 선글라스를 꺼내준다.
혜주, 양쪽 눈에 안대를 하고 있다. 그 위에 태희가 가져온 붉은색
선글라스를 낀다.
눈이 그려져 있는 웃기게 생긴 만화 선글라스다.

혜주
어울려?

태희
니가 뭔들 안 어울리겠니.

태희의 손이 이끄는 대로 따라다니는 혜주. 둘이 걷는 거리에는 온통
성형외과의 간판들이 즐비하다. 주변을 둘러보는 태희.

태희
근데 아프지는 않아?

혜주
별루, 이따 저녁쯤 마취 풀리면 그때부터 좀 아프대. 레이저로 각막
태울 때 냄새나더라, 고기 타는 냄새랑 똑같애, 이젠 손톱 길러 볼
수 있겠다. 맨날 렌즈 찢어져서 손톱을 기를 수가 있어야지.

태희
그럼 겨우 손톱 기르려고 수술한 거야? 부작용 생기면 검은

눈동자가 하얗게 변한다는 말도 못 들어봤어?

 혜주
 내 몸을 바꿀 수 있는 데까지 바꿔 볼 테야. 몸은 만들기
 나름이라구. 다음엔 여기 광대뼈도 깎고 턱도 고칠 거다.
 친구야~ 나 배고파 뭐 먹구 가자. 아주 매운 거 먹구 싶어.

 태희
 넌 너가 필요할 때만 친구지? 음?

혜주는 애교를 부리면서 태희에게 매달린다. 태희, 어색한 모습으로
혜주의 옆모습을 본다.

#75. 주상의 방 (안/오후)

주상이 없는 방에 혼자 앉아 있는 태희, 입술에 립글로스를 바르고 있다.
주상이 들어오자 얼른 립글로스를 넣는다. 태희, 타자기에서 종이를 빼내
파일에 끼워 넣는다.

 태희
 이젠 시집으로 묶어도 되겠는데?

주상, 태희 옆에 가까이 앉아 파일을 넘겨본다. 주상을 의식하는 태희.

 태희
 정말 너가 부럽다. 대단해... 이렇게 뭔가를 해내다니.

주상, 태희의 입술을 물끄러미 바라본다.

 주상
 니 입술에...

태희
왜?

주상
뭐가 묻었는데?

주상, 손을 뻗어 태희의 입술을 닦아준다. 타자기에 새 종이를 드르륵
끼워 넣는 태희.

#76. 훼미리 레스토랑 (안/오후)

테이블에 앉아 메뉴판을 들고 뭘 먹을까 고르는 엄마, 아빠, 태희, 태식.
시간이 많이 걸린다. 태희는 종업원에게 요리의 재료와 요리 방법 등을
자세하게 물어본다. 메뉴판을 내려놓는 엄마.

태희
골랐어?

엄마
너 좋은 거 시켜.

아빠는 태희가 들고 있는 메뉴판을 빼앗아 종업원에게 전해준다.

아빠
아무거나 여기서 제일 많이 팔리는 걸로 자네가 골라봐.

종업원
손님, 이건 어떨까요? 이것도 손님들이 많이 찾으시구요.

아빠
대충 자네가 알아서 줘, 물론 맛이 없으면 자네가 책임져야지.

종업원, 당황하며 돌아간다.

아빠
비싸기만 한 게 뭐 먹을 수나 있게 나오겠냐? 태식아, 어디든
가서 뭘 먹어야 할지 모를 때는 제일 많이 팔리는 걸 시켜,
그러면 안심이다.

태희
아빠, 때리는 거만 폭력이 아냐, 이것도 인권을
무시하는 폭력이라구.

아빠
종업원한테 미안하니깐 그러지. 쪼잔하게 메뉴판 들고 몇 분씩
고르는 놈치고 난놈을 못 봤어, 태식아 아무거나 주는 대로 잘
먹겠습니다 그러는 놈들이 돼도 뭐가 되는 거야.

태식
아버지, 전 원래 아무거나 잘 먹어요. 걱정 마셔요.

#77. 태희집 (안/밤)

태희가 화장실에서 씻고 나온다.
태희 엄마, 아무도 없는 어두운 거실 옆 식탁 의자에 앉아 환하게
불 켜진 전자렌지가 돌아가는 것을 쳐다보고 있다. 식탁 위에는 두 개의
약사발이 놓여있다.

태희
엄마 뭐해?

엄마
약 덥히지.

태희
그걸 뭘 그렇게 쳐다보고 있냐고.

엄마
너도 먹을래?

태희가 방으로 들어간다. 엄마는 계속 전자렌지가 돌아가는 걸 보고 있다.
전자렌지 안의 그릇이 소리를 내며 돌아가는 게 길게 보인다.

#78. 강가 (밖/오후)

카메라의 시점으로 배가 강기슭의 갈대들을 서서히 헤쳐나가는
이미지들이 보인다.
배의 뱃머리가 서서히 보인다. 뱃머리에는 작은 파란 깃발이 꽂혀있다.

태희(V.O)
난 그냥 계속 돌아다니고 싶어, 어떤 곳이든 한곳에서 머물러
살아야 한다고 생각하면 답답해... 계속 배를 타고 물처럼 흘러
다니면서 사는 거지... 어디에도 멈추지 않고 말야. 배 안에 이렇게
누워서 하늘에 지나가는 구름도 보고 책도 읽고 말야.

#79. 비류와 온조 집 (안, 밖/밤)

거실에 있는 배에 누워있는 태희, 감고 있던 눈을 뜬다.
한쪽 방에서 혜주가 거울을 보며 옷을 갈아입고 있다.

혜주
야! 그럼 난 니가 지나가는 강 옆에 그림 같은 전원주택에서 살고
있을 테니깐 지나가다가 들러 알았지? 야, 말이 되는 소릴 해라,
그렇다고 집을 나가냐? 니네 짠돌이 아빠 때문에 그래? 독립이랑
가출은 다르다고...

태희
내가 언제 아빠가 싫어서 집을 나가겠다구 했니? 엄마, 아빠가
싫다고 울면서 집 나가는 건 십 대 때나 하는 짓이지, 그건

너무 시시하잖아. 난 그 이상의 이유를 찾겠다는 거지. 뭔가를
찾고 싶다고.

혜주
그 뭔가가 뭔데?

태희
...

혜주
난리 났어 진짜, 누구나 가정 문제로 집을 나가는 거잖아, 집에서
행복하고 만족한다면 왜 나가고 싶겠어? 안 그래? 너 같은 딸
낳을까 봐 걱정된다 진짜.

차이니즈 드레스를 입고 거실로 나오는 혜주.

혜주
어때? 예쁘지? 근데 이거 너무 짧지?
니네들 엄마 키가 이렇게 작니?

혜주는 음식을 만들고 있는 비류와 온조에게 간다.
둘은 떡볶이를 만들고 있다.

비류와 온조
잘 어울리는데?

지영이 술을 사가지고 들어온다. 태희가 문을 열어준다.
아이들 떡볶이를 내온다.

지영
밖에 되게 추워.

혜주
소주도 사 왔니?

지영, 들은 척도 않는다. 혜주는 지영을 본다.
떡볶이를 허겁지겁 먹는 아이들.

> 혜주
> 난 떡볶이만 보면 태희랑 처음 친구 되던 날 생각나더라.

> 비류와 온조
> 왜?

> 혜주
> 나랑 지영이랑 일미분식에서 떡볶이 먹고 있는데 얘가
> 씩씩거리면서 혼자 들어와서 떡볶이를 시켜 먹는 거야, 내가 넌 왜
> 혼자 먹니 하니깐 자긴 떡볶이가 너무 좋은데 찬미가 먹기 싫다고
> 해서 화내고 혼자 들어 왔다나? 그래서 내가 같이 먹자고 했지, 너
> 그때 진짜 웃겼던 거 아니?

> 태희
> 걔가 떡볶이를 무지 싫어한다는 얘길 했을 땐 정말 하늘이
> 노래지더라구.

●

빙그르르 돌아가는 소주병이 보이고 지목당한 태희에게 혜주는
폭탄주를 만들어 준다.
아이들, 원샷을 부추긴다. 태희는 단숨에 잔을 비운다.
다시 병을 돌린다. 이번에는 지영에게 병 머리가 향한다.
다시 원샷을 외치는 아이들,
그때 갑자기 정전된다. 어~ 뭐야...
커튼을 열어 바깥을 살펴보는 태희, 비류와 온조는 촛불을 켜고
향을 피운다.

> 태희
> 동네가 다 정전인가 봐.

지영
보름달 때문에 그래도 꽤 밝은데?

온조
니네 그거 알아? 보름달 뜬 밤에 미래의 자기 배우자를 보는 방법?

●

현관문이 열리더니 하얀 천을 두르고 머리를 산발로 푼 혜주가 나온다.
뒤따라서 커다란 거울과 식칼을 들고 나오는 잠옷 차림의 아이들, 비류가
현관문에 신발을 걸쳐놓는다. 아이들이 동물 인형 슬리퍼를 신고 철재
계단을 올라간다.

태희
담배 가지고 올라갈게.

태희, 담배를 들고 나오다가 현관문에 끼워져 있는 신발을 빼고 문을
닫아 놓는다. 그때 옥상에서 거울이 깨지는 소리와 아이들의 비명소리가
들린다.

●

아이들 깨진 거울을 대충 맞춰 들고 달을 비추게 하기 위해 옥상을
왔다 갔다 한다.
아이들 동그랗게 모여 쭈그려 앉는다.

비류
거울에 보름달이 담기도록 놓아야만 해.

혜주
멋있는 사람이 보여야 할 텐데.

혜주에게 식칼을 주는 온조, 긴장된 표정으로 식칼을 입에 무는 혜주.

온조
어떤 여자가 이걸 하다가 대머리 아저씨가 나타나서 깜짝 놀라는

바람에 칼을 거울 위로 떨어뜨렸대, 나중에 선을 보러 나갔는데
글쎄 얼굴에 칼자국이 난 대머리 아저씨가 앉아 있더래.

태희
찬용이가 보이는 거 아냐?

혜주
어우 야 절대 안 돼.

비류
자 눈 감아.

눈을 감는 아이들, 비류와 온조는 열을 센다. 동시에 눈을 뜨는 아이들,
긴장된 표정으로 거울을 들여다본다. 달이 깨진 거울 조각들 때문에
여러 개로 보인다.

혜주
뭐야~

비류
이상하다, 혹시 소복을 안 입어서 그런가?

온조
혜주가 미래의 배우자가 없는 거 아냐? 우리 둘이 한번 해볼까?
괜찮은 쌍둥이 형제가 나타날지도 모르잖아.

비류
그럴까?

지영
니네 이걸 진짜 믿는 거야?

혜주
추워. 이러다가 결혼은커녕 그전에 얼어 죽겠다. 들어가자.

아이들이 옥상을 내려가고 비류와 온조는 달을 향해 두 팔을 펴고 서 있다

　　온조
　　우리는 나온 김에 보름달의 정기를 좀 쐬다가 갈게.

어두운 동네에 불이 켜진다. 다른 집보다 높은 곳에 위치한 덕분에
동네가 한눈에 보인다.

●

닫힌 현관문 앞에 나란히 앉아 흰 천을 둘러쓰고 앉아있는 아이들.

　　혜주
　　다리에 감각이 없어, 니가 아까 입어 보겠다고 할 때
　　벗어줄 걸 그랬다.

　　태희
　　마음 좀 곱게 써라 응?

　　혜주
　　누구땜에 이렇게 된 건데? 어떻게 이러고 내일까지 기다리냐고...

　　비류
　　... 얘들아 좋은 생각이 났어.

비류, 마당에 세워져 있는 커다란 삽을 쳐다본다.

●

삽과 쓰레받기를 들고 마당의 흙을 파고 있는 아이들이 보인다.
혜주는 흰 천을 둘러쓰고 담배를 피우며 혼자 현관문 앞에 앉아있다.

　　온조
　　야 땀나니깐 안 추워, 너두 일루와.

지영
우리 나중에 이렇게 모여 살면 좋겠다. 어디 따뜻한 무인도 같은
데서.

혜주
같이 모여서 산다는 게 얼마나 힘든 건데.

지영
너나 힘들지 우리는 힘 안 들어.

태희
니네 둘 오늘은 싸우지 좀 마 응?

●

마당에 높이 흙이 쌓여있고 그 위에 삽들이 꽂혀 있다. 신문지로 구덩이가
덮여있고 아이들 모두 구덩이 안에 들어가 앉아 있다.

혜주(V.O)
넌 아직까지 삐졌니? 속은 좁아가지구, 야, 내가 잘못했으니까
고만 삐져. 내가 니 일자리 알아보고 있어...

지영(V.O)
너 뭐야? 어딜 치구 그래?

혜주(V.O)
너야말로 나한테 사사건건 왜 그래?

지영(V.O)
니가 신경 안 써줘도 살만해.

혜주(V.O)
살만하긴 뭐가 살만해, 식당에서 일한다며...

지영(V.O)
그러는 넌, 빽으로 들어간 증권사에서 얼마나 대단한 일을 하는데?

비류(V.O)
사실 혜주가 증권사에 들어간 건 미스터리 중의 미스터리야.

온조(V.O)
공부는 지영이가 더 잘했는데... 지영이만 떨어지고 말야.

비류(V.O)
맞어, 뭔가 비리가 있었을 거야.

태희(V.O)
야! 지금 얘네들 싸우라고 기름 붓는 거니?

신문지가 들썩거린다. 태희의 말에 아이들 모두 조용한다. 시간이 흐른다.

(인써트)
고양이 티티가 지영 방 창가에 앉아 눈을 반짝이며 밖을 내다보고 있다.

#80. 비류와 온조 집 (안/오후)

지영이 일어나 거실의 붉은 커튼을 조금 열자 밝은 빛이 쏟아져 들어온다.
아이들은 바닥에 여기저기서 자고 있다.
비류와 온조는 둘이 안고 자고 있다.
메모를 남기는 지영 "나 먼저 간다 재미있게 잘 놀았어"
잠을 깬 혜주가 어둠 속에서 지영을 보고 있다.
지영이도 혜주를 한참 보며 밖으로 나간다.

#81. 지영집 앞 (밖/오후)

골목으로 접어드는 지영의 옆으로 119차가 소리를 내며 지나간다.
지영이 집으로 들어가는 골목은 한없이 길게만 느껴진다. 아무리 걸어도
그대로 제자리걸음인 것처럼, 담벼락도 이상하게 휘어 보인다.
지영이 골목을 돌아서자 낯선 풍경이다. 앞이 펑 뚫려있다. 집 천장이
무너져 집이 내려앉아 있다. 집은 폐허더미가 되어있다. 시멘트 덩이와
집의 골조가 뒤섞여 있다.
사람들이 몰려서서 구경하고 있고 경찰들이 왔다 갔다 한다.
한 입 베어먹은 이빨 자국이 있는 총각김치가 시멘트 사이로 보인다.
한 경찰이 뚜벅뚜벅 걸어와 빨랫줄에 매달린 옷들 사이에서 청바지를
든다. 청바지의 주머니에서 물에 불어 뭉쳐있는 종잇조각을 꺼내 펼쳐
든다. 지영의 그림이 그려져 있는 모눈종이다.
희미하게 보이는 글씨 "죽고 싶다 죽이고 싶다"

#82. 간이 장례식장 (안, 밖/밤)

조그맣게 차려진 빈소에 할머니와 할아버지의 영정사진이 놓여있다.
통장 아줌마와 동네 주민들이 몇몇 앉아있다. 지영은 고양이를 안고 아주
무심한 표정으로 앉아있다. 태희가 옆에 있다.
형사 한 명이 지영을 부른다. 지영이 일어나 나온다.

> 형사
> 너가 유일한 유족이라 참고인 조서를 써야 되는데 같이 경찰서로
> 가줘야겠어.

지영, 고양이를 데리고 태희에게 온다. 지영이 태희에게 고양이를 내민다.
태희는 고양이를 받아 안고 형사와 함께 장례식장을 빠져나가는 지영의
뒷모습을 바라본다.

고양이를 안고 집으로 들어오는 태희,
현관문 앞에 서서 거실 안을 들여다본다.
거실에는 가족들이 모여 앉아 과일을 먹으며 큰소리로 웃고 있다.
집 안으로 들어가지 못하고 현관 앞에 쭈그려 앉아있는 태희,
고양이가 태희 품속을 빠져나간다. 태희, 거실 쪽을 보며 조심조심
고양이를 찾는다.

>   태희
>   야 티티야 어딨니?

●

지하실 쪽에서 티티가 야옹거린다. 지하실로 서서히 이끌리듯 내려가는
태희, 열린 지하실 안에서 고양이가 살짝 보인다. 지하실로 들어온 태희,
백열등의 스위치를 찾아서 켠다.
지하실은 어둡고 여러 가지 짐들이 가득하다. 고양이를 찾아 안는 태희.

>   태희
>   티티야, 춥겠지만 당분간 여기서 살아야겠다. 미안해.

고양이 잠자리를 마련해주려고 상자랑 바닥에 깔 것을 찾다가 여러 개의
가방이 한쪽에 쌓여있는 걸 쓰러뜨린다. 우르르 떨어지는 가방들. 놀라서
구석으로 달아나는 고양이.

#84. 경찰서 (안/오후)

지영은 형사에게 취조를 받고 있다. 지영의 얼굴이 반쯤 어둠 속에 가려져
있다. 지영 앞에는 지영이 집에서 색칠하던 그림들과 낙서가 놓여있다.
그림 한 장에 "죽고 싶다 죽이고 싶다"는 글씨들이 깨알처럼 가득 차 있다.

>   형사
>   지붕에는 뭐하러 자꾸 올라간 거야? 할머니 할아버지랑 평소에도

그렇게 사이가 안 좋았어?

지영은 고개를 숙이고 대답을 안 하고 있다.
그때 음식 쟁반이 배달되어 온다.

형사
배고플 텐데 먹어, 그냥 편하게 말해도 돼, 니가 말 안 하면
변사자 검시에 존속살인 혐의에 우리까지 복잡해진다고... 응? 야
노랑머리! 니 소원대로 귀찮은 노인네들 죽어서 속 시원할 거 아냐,
자 먹어!

형사, 지영의 손을 끌어 수저를 쥐여준다. 지영, 형사를 노려보며 손을
빼내 음식 쟁반을 밀어 던진다. 쟁반과 음식이 바닥에 떨어진다. 형사,
지영에게 욕을 한다.

#85. 주상의 방 (안/오후)

타자로 친 시의 글씨가 보여진다.
"그 애를 기다리며...
그 애가 방금 집으로 갔다.
다시 그 애가 올 때까지는 기다리는 시간이다"
주상은 타자를 치는 태희를 물끄러미 바라보다가 타이밍을 놓친다.

태희
끝이야?

주상
아니...

태희
너 요즘 창작열이 왕성하구나?

주상
　　　유난히 큰 발소리, 내가 외계인처럼 생겼다며 놀리는 큰 웃음소리,
　　　그 애를 만져보고 싶다.

태희는 더 이상 타자를 못 치고 주상을 바라본다.
태희의 배에서 꼬르륵 소리가 난다.

　　　주상
　　　배고파?

　　　태희
　　　아니, 긴장하면 원래 그래... 넌 내가 어디가 좋아?

　　　주상
　　　너의 건강한 관절.

　　　태희
　　　그럼 내 관절이 만져보고 싶은 거야?

주상과 태희의 눈빛이 심상치 않다.

#86. 분류심사원 복도 (안/오후)

커다란 자물쇠가 매달린 철문이 열린다. 어둡고 긴 복도가 보인다.
교도관에 이끌려 지영과 몇몇 아이들이 양손이 묶인 채 포승줄에 매달려
복도로 들어간다.
철문이 쾅 닫힌다. 지영 옆에는 키가 작은 윤애(15)가 있다.

#87. 분류심사원 시청각실 (안/오후)

지영이 다른 원생들과 함께 분류심사원의 규율과 프로그램에 대해
설명을 듣고 있다.

교도관
죄를 짓고는 성공할 수 없습니다. 우리가 잘살지 못하고 성공하지 못하는 것은 나의 잘못과 나의 마음에 있는 것이지 결코 남 때문이 아닙니다. 여기 있는 한 달 동안 여러분은 적성검사와 심리검사 등을 받고 분류처분을 받게 됩니다. 그동안의 잘못을 뉘우치고 반성의 계기로 삼아야 합니다.

아이들의 책상 앞에 빨간색 추리닝이 담겨있는 소쿠리들이 놓여있다. 교도관들, 아이들에게 일어서라고 한다. 아이들이 하나, 둘 하며 동시에 함께 일어난다. 교도관들, 옷을 갈아입으라고 한다. 아이들 옷을 갈아입는다.

윤애
너 처음이지? 쫄아가지고는, 난 이번이 세 번짼데 얌전히만 있으면 집보다 지낼 만 해.

지영, 옆에 있는 유리창 비친 빨간 추리닝을 입은 자신의 모습을 본다.

#88. 태희집 (안/밤)

태희는 침대에 얼굴을 묻고 있다.
낮의 주상이 일 때문에 마음이 혼란스럽다. (컷어웨이)
수건을 둘러쓴 조카가 문을 열고 들어온다.

조카
고모, 할머니가 오래.

태희
알았으니까 나가.

이번엔 태식이가 부른다. 태희, 대답 대신 방문을 잠근다.
쿵쾅거리는 소리가 나더니 태식이가 문을 두드린다.

태식(V.O)
야! 아빠가 만두 드시고 싶대, 빨리 가서 사와.

태희
나중에, 아님 먹고 싶은 사람이 사오든지.

태식(V.O)
지금 사 오래.

태희
니가 가면 되잖아.

태식(V.O)
나는 공부하잖아.

태희
새언니한테 가라구 해.

태식(V.O)
지금 애들 목욕시키잖아.

태희
엄마는?

태식(V.O)
엄마는 통화 중이야.

태희
나두 지금 사색 중이라구.

태식(V.O)
그러니까 니가 가야지 놀고 있는 건 너 하나뿐이잖아.

#89. 만두집 앞 (밖/밤)

커다란 뚜껑을 열자 김이 나는 왕만두들이 보여진다. 왕만두들을
쳐다보는 태희.
태희, 만두가 들어 있는 봉지를 받아들고 터덜터덜 걸어간다.
핸드폰이 온다.

> 태희
> 알았어, 지금 만두 들고 가는 중이라니깐.

태희, 눈이 서서히 내리는 밤거리를 걷는다.

#90. 지영집 앞 (밖/밤)

태희, 무너진 지영집 앞에까지 왔다. 서서 흰 눈이 덮인 무너진
집을 보고 있다.
무너진 집이 더욱 을씨년스러워 보인다.

#91. 분류심사원 복도 (안/오전)

아이들이 복도에 줄을 맞춰 뛰고 있다.
지영이 천장의 카메라가 담겨져 있는 검은 반원을 바라본다.

> 윤애
> 저 밑은 사각지대야, 저기는 절대 안 찍혀.

> 교도관(스피커)
> 그만들 일어나서 생활실로 들어간다.

아이들, 하나 둘 하며 일어나 줄을 맞춰 생활실로 들어간다.

교도관(스피커)
서지영은 상담이 있으니 7호실로 가봐.

지영, 상담하러 간다.

#92. 분류심사원 상담실 (안/오전)

상담원과 마주 앉아 있는 지영, 탁자에는 심리테스트를 하는
기구들이 놓여있다.
지영이 흰 종이에 몇 가지 그림들을 따라 그리고 있다.

상담원
니가 말을 안 하면 널 소년원으로 보내라는 처분을 내릴 수밖에
없어. 니가 말을 안 하면 심리 결과만 불리해, 아무도 너의 상황을
대변해 줄 수는 없어, 말을 할 수 없는 거니 아니면 말하기가
싫은 거니?

지영, 상담원의 말에 아무런 반응도 하지 않고 그림을 그린다.

#93. 경찰서 (안, 밖/오후)

태희, 지영을 조사했던 형사 앞에 서 있다.

형사
걔가 아직 미성년이라서 분류심사원으로 이송했을걸?

태희
거기는 어떻게 가는데요?

형사
아마 미성년은 가도 면회 안 될걸? 내가 손 한번 써줄까?

태희
저는 성년 지났어요.

핸드폰이 울린다. 전화를 받는 태희.

#94. 증권사 (안/오후)

혜주, 태희와 통화하며 인터넷으로 가슴 키우는 기계를 주문한다.

혜주
진짜 지영이가 관련이 있긴 있는 거야? ... 근데 말은 왜 안 하는
거야? 걔 속은 진짜 알 수가 있어야지, 난 안돼, 팀장님이 시킨
일이 아직 끝나지가 않아서...

생각에 잠기는 혜주, 물건을 바닥에 떨어뜨려 고개를 숙이고 줍는다.
구두를 잠깐 벗은 혜주의 발이 꼼지락거린다. 다른 전화가 온다.

혜주
회사는 어쩌고... 잠깐만 기다려.

혜주, 태희의 전화를 대기 중으로 돌려놓고 다른 내선 번호를 누른다.
외국인에게 걸려온 전화다. 혜주는 매끄럽게 전화를 잘 받는다.
미연에게 전화를 연결해주는 혜주에게 미연이 자료를 가져오라고 한다.
혜주, 태희의 전화를 잊은 듯 그냥 가버린다. 전화기에서 깜빡이는
태희의 번호.

태희
야, 신혜주!

●

미연에게 자료를 내미는 혜주.

미연
영어는 언제 배웠어?

혜주
원래 영어 공부하는 거 좋아해요.

미연
혜주 씨는 대학 안 가? 다른 고졸 사원들은 다 야간대학 다니던데.

혜주
여기서 더 많이 배울 수 있는 거 아니에요? 어디까지나 실전이
중요하잖아요. 팀장님한테 배우죠 뭐... 팀장님은 제가 하는 일이
가치 있는 일이라는 느낌이 들게 해주셔서 뭐든 돕고 싶어요.

미연
그렇지만 학위도 필요하지. 평생 잔심부름이나 하는 저부가가치
인간으로 살 순 없잖아.

#95. 동인천역 앞 (밖/밤)

사람들이 오가는 역사 앞에서 비류와 온조가 액세서리를 팔고 있다.

비류
왜 지영이가 말을 안 하는 걸까?

온조
누구나 말하기 싫을 때가 있잖아.

저쪽에서 태희가 온다. 손님들이 물건을 구경한다.

태희
혜주는 일 때문에 못 간대, 너희들은 같이 갈 거지?

비류
우리가 왜 지영이 면회를 가야 하니?

온조
우린 경찰만 봐도 온몸에 소름이 돋는 데다가...

비류
근데 넌 도대체 왜 그렇게 면회를 갈려고 하는 거니?

태희, 비류와 온조를 바라본다.

#96. 증권사 (안/밤)

혜주가 사람들이 모두 퇴근한 커다란 사무실에서 미연과 일하고 있는
모습이 보인다.
혜주는 핸드폰으로 태희에게 문자 메시지를 보낸다.
"함께 못 가서 미안~ 잘 다녀와 지영이한테 안부 전해줘. 메시지 전송중"
문자 메시지가 흘러간다.

#97. 분류심사원 면회실 (안/오후)

지영을 면회 온 태희, 핸드폰을 보여준다. 면회실 앞에는 수녀가 있다.

태희
이거 봐 혜주가 보낸 메시지... 지영아, 니가 도끼로 사람을 찍어
죽였다고 해도 난 니 편이야. 이유가 있어서 그러는 거라고 생각해.
형사 아저씨가 그냥 형식적으로 조사하는 거였는데, 니가 말을 안
해서 니 상황이 자꾸 나빠져 가는 거 같애. 빨리 나와야지. 근데 말
안 하면 입에 가시가 돋치거나 뭐 그러지는 않니?

지영, 풋하고 웃는다. 지영과 태희 아무 말도 없이 한참을 있다.

지영
나가도 갈 데도 없는데 뭐...

태희, 갑작스러운 지영의 말에 놀란다.

#98. 분류심사원 생활실 (안/밤)

여러 명의 원생들이 자고 있는 어두운 방에서 눈을 뜨고 있는
지영이 보인다. 윤애는 지영 옆에 바짝 붙어서 자고 있다.
창밖에서 고양이 울음소리가 들린다.
지영, 조심스럽게 일어나 쇠창살 너머 창밖의 고양이를 본다.

#99. 주상의 방 (안/오후)

주상은 몸이 안 좋아 보인다. 혈색도 안 좋고 쾌활하지도 않다.
타자 글씨가 보인다. 빠르게 시를 받아치는 태희.

"엄마는 나 때문에 울지만 나는 나 때문에 운다.
나의 몸은 자꾸 미끄러져 내린다.
나는 방바닥에 껌처럼 붙어 있다"

주상
야 빨리 좀 해.

태희
너 어디 아퍼?

다시 시를 불러주는 주상, 주상을 보기만 하는 태희.

주상
모두들 가고 오지만 나는 늘 기다린다.
사람들은 움직이고 나는 잠을 잔다.
나는 언제나 잠자고 있는 기분이다.

주상, 씩씩 큰 숨을 쉬며 식은땀을 흘린다.

#100. 성당 복도 (안/오후)

태희와 수녀, 복도에서 얘기한다. 태희는 무척 흥분한 상태이다.

> 태희
> 그런 짓이라뇨? 우리가 무슨 나쁜 일이라도 했다는 건가요?

> 수녀
> 당분간 안 가는 게 좋겠다. 걔한테 어떤 영향을 줄지 생각해
> 봤어야지, 막말로 그 애랑 결혼이라도 할 거야?

> 태희
> 사귄다고 누구나 결혼하는 건 아니잖아요. 그 얘기도 했어요, 난
> 아직 너랑 계속 사귈 자신이 없고 결혼은 생각도 안 해봤다 그래도
> 좋냐니깐 좋다고 했어요, 그래서 한 거예요, 뭐가 잘못됐나요?

> 수녀
> 지금 주상인 몹시 불안정한 상태야, 정상이 아니라구.

> 태희
> 저두 지금 정상은 아니에요, 사랑에 빠지면 누구나 정상이 아니죠,
> 더군다나 우리 둘 다 처음이었는데.

수녀와 태희, 말을 안 하고 서 있다.

> 태희
> 그래요. 수녀님 말이 맞을지도 몰라요. 내가 걜 위해
> 뭘 할 수 있겠어요.

#101. 분류심사원 상담실 (안/오후)

지영이 눈에 눈물이 가득 고인 채 말을 하고 있다. 상담원이 들으며
적고 있다.

> 지영
> 내가 할 수 있는 일은 없었어요. 이사도 못 가고... 그래도 나
> 하나만 바라보면서... 내가 너무 싫어요. 나만 살았다는 게 너무
> 죄스러워요... 할머니한테 매일 소리 지르고 짜증 내고... 다 죽고
> 차라리 고아가 되면 좋겠다고 생각했었는데... 고아가 되었는데
> 기분이 좋지 않아요. 하루에 열 번도 넘게 할머니 할아버지가
> 빨리 죽게 해달라고 빌었는데... 내가 죽인 거나 다름없어요...내가
> 할머니 할아버지를 죽인 거예요...

지영의 뺨으로 눈물이 흘러내린다.

#102. 증권사 복도 (안/오후)

자판기 앞에서 커피를 마시며 한참을 창을 내다보고 서 있는 혜주의
뒷모습이 보인다.
지나가던 여직원1이 혜주의 등을 툭 친다. 뒤를 돌아다보지 않는 혜주.

> 여직원1
> 괜찮아? 회사생활이 다 그렇지 뭐, 그냥 한 귀로 듣고 한 귀로
> 흘려. 알았지?

직원이 가고 혜주의 가늘게 울고 있는 뒷모습이 보인다.

> 여직원1(V.O)
> 혜주 씨 팀장님이 찾으셔.

혜주, 눈물을 훔치고 돌아서 큰 숨을 들이마시며 사무실로 간다.

혜주가 신입사원들과 대화하는 미연의 방으로 들어온다.
미연은 쪽지에 메모를 한다.
"스타킹, 생리대, 건전지, 바디샴푸, 아세톤, 경제전문잡지"

> 미연
> 성과에 따라 인정받을 수 있고 인정받으면 몸값도 바로 올라가는
> 게 장점이야, 이 바닥이 워낙 소문이 빨라서 분석이 좀 괜찮다
> 싶으면 누구 작품인지 업계에 금방 퍼지거든, 잠깐만.

미연은 구입 목록이 적힌 쪽지를 혜주에게 준다.

> 미연
> 부탁 좀 하나 하려구. 이런 사적인 일은 시키면 안 되는데... 미처
> 준비를 못해서 그래, 미안~ 여기 카드.

> 혜주
> 아니에요. 뭐 더 시키실 일은 없으셔요?

웃으며 사무실을 나오는 혜주.

혜주, 사람도 별로 없는 커다란 오락실에서 혼자 음악에 맞춰 펌프를 한다.
펌프 기계 위의 지갑과 쪽지가 흔들린다. 열심히 뛰는 혜주.
모니터의 화살표들이 보이고 점수가 계속 올라간다.

#105. 분류심사원 복도 (안/오후)

지영과 원생들 이열로 줄을 서서 빙글빙글 복도를 뛰며 운동을 하고 있다.
달리던 아이들은 한쪽 복도 바닥에 고여있는 물웅덩이 근처만 가면
웃으며 살짝살짝 건너뛴다.
지영도 발을 길게 벌려 물웅덩이를 건너뛴다.

#106. 분류심사원 생활실 (안/오후)

지영은 두꺼운 책을 한 장 한 장 넘기며 여백에 뭔가 그리고 있다. 윤애가
작은 쪽지를 전해준다. 지영이 펼치면 전화번호가 적혀있다.

    윤애
    연락해... 나가면 착하게 살아야 돼, 알았지?

지영이 웃으며 윤애에게 책을 손가락으로 훑어 보인다. 나비가
날갯짓하며 꽃에게 가는 게 쭈욱 애니메이션처럼 보여진다.

#107. 테헤란로 포스코 앞 (안, 밖/오후)

나비가 날아가는 텔레비전 화면이 잠깐 지나간다.
사람들이 없는 휑한 거리에 좌판을 펴놓은 비류와 온조. 둘 다 무지하게
지루한 표정으로 포터블 텔레비전으로 만화를 보고 있다.

    온조
    춥다. 서울 출장은 실팬데? 우리 그만 들어갈까?

    비류
    그럴까?

좌판 가방을 챙기는 비류와 온조.
남자 쌍둥이 형제가 비류와 온조의 앞으로 온다. 액세서리를 만져보는

남자 쌍둥이. 별 게 없는지 그냥 간다.

> 온조
> 이건 운명이야!

> 비류
> 너두 그렇게 생각해?

서로 쳐다보며 감탄하는 비류와 온조.

> 비류
> 쫓아가자!

황급히 좌판을 정리하는 비류와 온조. 남자 쌍둥이 형제를 쫓아간다.

#108. 도서관 (안/오후)

태희, 주상에게 편지를 쓰려 한다. "외계인에게"라고 쓰여있는 종이.
태희, 책상에서 일어나 도서관 여기저기를 돌아다닌다.
그러다가 책들이 산처럼 쌓여있는 열람실에 가게 된다.
커다란 열람실에는 먼지 묻은 책들과 고요만이 가득하다. 책장 사이를
기웃기웃 돌아다닌다.
책꽂이에서 책 몇 권을 꺼내 뒤적여 본다.
한 권의 책을 펼치면 볼펜으로 밑줄이 쳐진 어느 한 페이지가 보인다.
태희, 책을 읽다가 그 페이지를 북-뜯는다.

#109. 태희집 (안/밤)

열린 냉장고의 불빛 앞에 앉아 냉장고를 정리하는 엄마가 보인다.
엄마는 오래되어서 쪼글쪼글해진 과일과 채소들, 검게 상한 고기
덩어리들을 꺼내놓고 냉장고 청소를 하고 있다. 태희, 엄마 뒤의 의자에
앉아 보고 있다.

태희
엄마는 왜 아빠랑 결혼했어?

엄마
아빠한테 엄마가 필요하니깐.

태희
엄마한테도 아빠가 필요해?

엄마
너희들한테 아빠가 필요하니깐 나도 아빠가 필요했지.

태희
내가 아빠가 필요 없으면.

엄마
글쎄, 아빠가 필요 없는 애라면 그건 더 이상 애가 아니겠지, 그런
애라면 엄마도 필요 없겠지.

엄마, 웃는다. 말라비틀어진 귤의 껍질을 벗겨보는 태희.

#110. 태희집 지하실 (안/밤)

태희 손에 여러 장의 사용하지 않은 기차표가 들려 있다. 30년 전
기차표가 보인다.
열려있는 가방 안에는 70년대에 유행했을 법한 화려한 원피스와 구두,
흰 장갑이 가지런히 들어있다. 태희, 가방 안의 짐들을 꺼내 한쪽에 놓고
빈 가방을 든다. 낡고 먼지 묻은 옛날 가방.

(인써트)
지하실 창틀에 앉아 창밖을 내다보는 고양이 티티가 보인다.

고졸 여직원 1, 2, 3과 혜주, 술을 마시고 있다. 혜주는 벌써 꽤 취했다.
여직원들, 회사 사람들을 흉보며 수다 중이다.

> 여직원2
> 핸드폰이 얼마나 한다고 그걸 안 사고 외근 나갈 때마다 내걸 빌려
> 가는 거야 내 참.

> 여직원1
> 오 과장, 오늘 커피 심부름을 열한 번 시킨 거 알아요?

> 여직원3
> 누가 회사에 커피 타러 들어왔는지 아나?

> 혜주
> 좋은 게 좋은 거지, 커피 좀 타면 어때? 그런 거에 민감한 건
> 일종의 콤플렉스라구. 콤.플.렉.스, 그러니깐 저부가가치 인간이란
> 얘길 듣는 거야.

> 여직원2
> 얘 왜 여태 여기 있는 거니? 여직원회 회비도 안 내는 애가.

> 혜주
> 알았어, 가면 되잖아.

자리에서 비틀거리며 일어서는 혜주.

> 혜주
> 언니들, 나 너무 미워하지 마.

혜주는 가방을 들고 비틀거리며 호프집을 빠져나간다.

#112. 태희집 (안/밤)

식빵에 잼을 발라 은박지로 싸고 있는 태희.
칼, 사전, 지도, 초, 지탕담배, 후레쉬, 나침반, 밧줄, 에프킬라, 무지개
칫솔 세트, 달걀 등을 보자기에 펴놓고 정성스레 가방을 싼다. 돈뭉치도
신문지에 싸서 가방에 그럴듯하게 숨겨 넣는다. 노끈으로 필요하다고
생각하는 책 몇 권도 묶는다. 커다란 액자사진 뒷면의 일부분을 두타에서
산 칼로 파낸다.

#113. 호프집 앞 (밖/밤)

술에 취해 입구에 쭈그려 앉아 담배를 피우는 혜주의 모습이 보인다.
혜주, 정신이 오락가락한다. 화려한 간판들이 현란하다.
저쪽에서 찬용이 핸드폰을 들고 단숨에 혜주에게 달려온다. 찬용에게
쓰러지며 안기는 혜주.

> 찬용
> 괜찮아?

> 혜주
> 내가 외로울 때 달려오는 건 너뿐이구나, 너 나랑 할래?

찬용은 혜주가 들고 있던 담배를 쿨럭거리며 핀다.

> 찬용
> 이러지 마, 난 너의 친구가 돼 주고 싶을 뿐이야,
> 넌 친구도 하나 없는 애잖아.

> 혜주
> 야!

혜주, 찬용을 끌어당겨 키스한다.

#114. 태희집 (안, 밖/밤)

태희, 방문을 열어 놓은 채 불 꺼진 어두운 거실로 나온다.
액자를 거실의 벽에 걸어놓는다. 태희는 한 손에 책 뭉치, 한 손엔
커다란 가방을 들고 현관으로 나간다. 커다란 가족사진에 태희의 모습이
하얗게 패 있다.
태희가 가방과 책, 고양이를 들고 대문 밖으로 나온다.
현관문과 대문을 열어놓은 채 집을 빠져나가는 태희의 모습이 보인다.

#115. 혜주집 (안/밤)

월드 뉴스가 나오는 텔레비전이 켜져 있다. 옷을 입은 채로 침대에서 자던
혜주가 뒤척이며 잠에서 깬다. 침대 위에는 핸드백과 통신 주문한 가슴
커지는 기구가 펼쳐져 있다.
냉장고를 여는 혜주. 물이 없다. 혜주, 태희에게 전화한다.

> 혜주
> 태희야, 속 쓰리고 배고파, 우리 집에 놀러 와라... 뭐? 진짜야?... 야
> 어쩔려구 그래...

혜주는 전화기를 들고 한참 태희의 이야기를 조용히 듣고 있다.

#116. 비류와 온조 집 (안/밤)

비류와 온조, 둘이 어두운 거실에서 손을 꼭 잡고 앉아서 TV를 보고 있다.
TV에서 〈들고양이의 역습〉이라는 보도프로그램을 한다. 집 나간
고양이들이 야생에서 서로를 잡아먹으면서 지낸다는 충격적인 내용.

> 비류
> 배고프면 저럴 수도 있는 거 아냐?

온조
　　너두 배고프면 날 잡아먹어 알았지?

초인종이 울리고 태희가 고양이와 가방을 들고 서 있다.
비류와 온조는 난처한 얼굴로 고양이를 본다.

#117. 편의점 (안, 밖/밤)

물을 넣은 사발면과 김치, 생수를 들고 밖이 보이는 테이블로 오는 혜주.
테이블에는 여행을 다녀온 재호가 배낭을 옆에 두고 라면을 먹고 있다.
혜주를 유심히 보는 재호, 혜주 왜 그러나 싶다.

　　재호
　　저... 김치 좀 먹어도 될까요?

　　혜주
　　네? 에...

김치를 주는 혜주, 김치를 덜어 먹는 재호, 국물까지 다 마시더니,

　　재호
　　저... 물도 좀 마시면 안 될까요?

라면을 먹던 혜주 웃으며 물을 준다. 재호도 미안한 듯 웃는다.
직원들이 편의점 앞의 트럭에서 내린 물건들을 편의점
안으로 들여놓는다.
라면을 먹는 혜주와 남자의 모습 위로 편의점 트럭이 지나간다.

태희는 어딘지 모를 곳에 쭈그리고 앉아 있다. 두꺼운 장갑 낀
손으로 담배를 피운다.
책을 후레쉬로 밝히며 읽는다. 작은 라디오를 꺼내 틀어놓는다.
음악 소리가 들린다.
날이 서서히 밝아온다.
커다란 철문이 열리고 분류심사원에서 몇몇 아이들과 지영이 나온다.
태희, 지영의 발밑에 달걀 하나를 놓아준다. 몇몇 달걀을 밟는
발이 보인다.

> 태희
> 꽉 밟어.

지영, 달걀을 밟는다. 달걀이 부서진다. 지영과 태희, 웃으며 포옹을 한다.

> 태희
> 내가 졸업하고 나서 일 년 동안 아빠한테 돈 한 푼 안 받고
> 일했거든, 나 정도로 일하면 얼마를 받는지 알아보고 딱 그만큼만
> 가지고 나왔어.

> 지영
> 근데 어디로 가?

> 태희
> 가면서 생각하지 뭐, 티티는 비류랑 온조에게 부탁했어,
> 걔들이라면 잘 키워 줄 거야.

둘이 걸어가는 모습 위로 경쾌한 음악이 흐르고 엔딩 크레딧이 뜬다.

끝

스토리보드

2000년 1월 29일 크랭크 인 하여 2000년 6월 15일에
크랭크 업 한 〈고양이를 부탁해〉 촬영 현장에서 정재은 감독이
실제로 사용한 스토리보드 중 일부를 스캔하여 수록했습니다.

공간과 동선

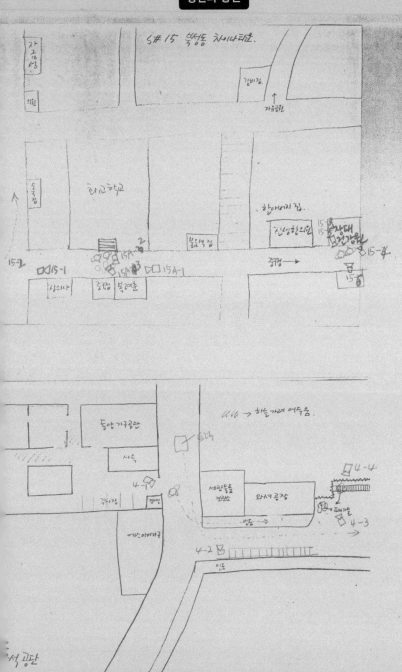

공간과 동선

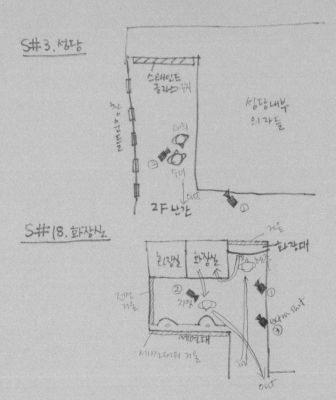

S#3. 성당

스테인드 글라스창문

성당내부 의자들

태리

수녀

out

2F 난간

S#18. 화장실

거울

화장대

리장실

화장실

전신거울

지영

세면대위 거울

세면대

① extra shot ③

in

out

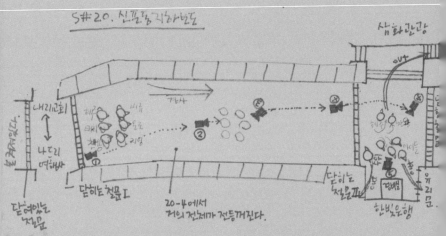

S#20. 신프롱지하보도

삼화관광

out

내리교회

나드리 여행사

해요
태지
채팅

비쉬
도오
지영

7H바

달혀있는 전문 I

달혀있는 전문 II

한빛은행

유리문

20-4에서
거의 전체가 전등꺼진다.

달여있는
전문

26 역삼역

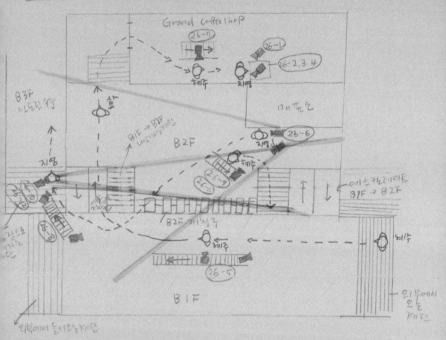

43. 1면접실

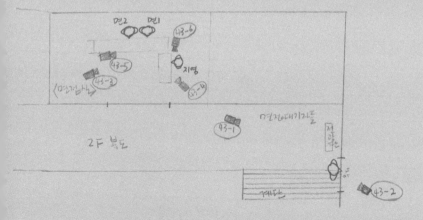

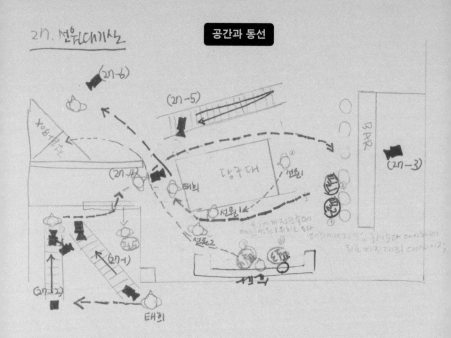

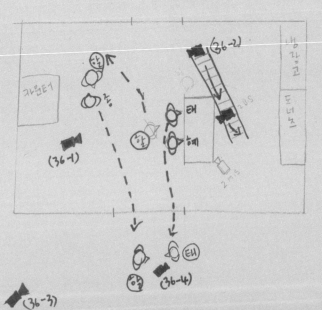

SHOT LIST
i/20   제 2 회차

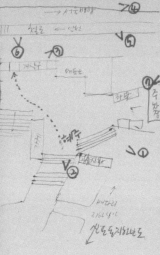

#10 동인천역 (밖/아침)

(10-1) L.S 역사앞 광장
동인천역 개찰구로 들어오는 사람들

(10-2) F.S/L.A 역사앞 계단
개찰구로 가는 사람들 틈속에 혜주의 뒷모습이 보인다.

(10-3) K.S 서울행 승강장
표를 넣고 나오는 혜주

(10-4) C.S 서울행 승강장
곧서울역행 도착을 알리는 안내판

(10-5) F.S 개찰구쪽 승강장
서울역행 국철이 들어온다

(10-6) M.S 개찰구쪽 승강장(국철방향-->)
국철에 올라타는 혜주와 사람들. 혜주가 국철안에서 국철진행방향
으로 움직인다. 잠시후 국철문이 닫힌다. 떠나는 국철의 모습

(10-7) L.S/H.A 인천백화점 주차장 위(국철방향-->)
동인천안내판을 뒤로하고 빠져나가는 국철

아래 8.9.10은 추후 추가 촬영분량임
(10-8) E.L.S/H.A 선광아파트위 (국철방향-->)
국철을따라 카메라 팬하면 인천항과 고가들이 원경으로 보여진다.

(10-9) F.S 국철운전석앞 (국철방향-->)
달리는 국철 운전석에서 본 철로 이미지들의 디졸브
정차중인 국철로 서서히 모여드는 사람들.
영등포역사 내부의 일렬 형광등들

(10-10) E.C.S 특수촬영 (국철방향-->)
지하철 노선표에 붉은 전구가 하나 둘씩 들어오는건 오른쪽으로
팬한다.

#11 국철 (안/아침)

(11-1) E.C.S.국철내부 (창밖풍경-->)
실용영어의 문장들이 보이며 카메라 오른쪽으로 서서히 팬하면 덮
이는 책. 책의 표지가 보인다.
*국철내부 좌석색깔은 붉은색이어야 함

(11-2) B.S-> W.S/H.A 국철내부(창밖풍경-->)
책을 덮고 핸드폰을 벗고 잠시 창밖을 보던 혜주, 핸드폰을 꺼내
문자메시지를 휘이익 만든다.
"8시 369에서...선물없음 죽음이야 메시지 전송중"이라는 글자가
만들어진다.
*문자메시지 위치

#9 혜수집 앞 (밖/아침)

(9-1) C.S
쨍그랑- 아파트베란다 창문 유리가 깨진다.

(9-2) L.S/H.A-->M.S-->F.S뒷모습
아파트 현관문을 거칠게 쾅 닫고 나오는 혜주, 계단을 올라오며
검게 탄 자동차를 바라보면서 걷는 것 따라서 카메라 반대
방향으로 달리아웃한다.
혜주는 지나치다가 잠시 돌아본다.

SHOT LIST   2月1日(木)   제 3 회차

태희 : 흥분했지만 성당내벽이라서
      클로리로 말해진못한다

#3. 성당봉도 (안/오전)   성당의 종소리 (S·O) 다주세요.

(3-1) F.S
아치형 정면창의 스테인드글라스로 은은한 빛이 들어오는 긴 성당
의 2층 난간에 서있는 수녀와 태희가 보인다. 태희가 고개를 숙이
고 있다.
약간의 정적....둘이 잠시 동안 말을 안하고 서있다.

갑자기 말을 시작하는 태희가 수녀의 모습에 가려 언뜻언뜻 잘보
이지 않는다.

태희
억지로 웃게 아니에요. 그치만 뭐 참아야겠다고 생각하지도 않았
어요. 뭐라고 설명은 못하겠지만 내가 개를 이해할 수 있다는 느
낌이 들었다구요. 개랑 내가 다를게 하나도 없구나 그런게 느껴졌
다구요.

수녀
눈물이 나온다고 언제나 우나? 네가 그애를 위한다면 그렇게 울어
선 안돼. 네가 그러는건 너를 위한 거지 그 애를 위한 게 아냐.
그애한테 필요한 건 친구지 동정이 아냐.

태희 고개를 든다.

태희
그건 동정이 아니에요, 아니 동정이라도 상관없어요 세상엔 동정
심조차 없는 사람도 많잖아요.

그때 들리는 누군가의 목소리

누군가(V.O)
행자 수녀님.... 교정사목국에서 전화왔는데요.
아네스

수녀
다음에 다시 한번 얘기하자. 잘가렴.

수녀가 급히 프레임 아웃하면 태희가 가는 수녀를 보고 있다.

(3-2) B.S   약간 H.A
수녀를 보는 태희

#18. 록카페 화장실 (안/밤) (술먹어서 약간 붉은 아이들이°

(18-1) M.S
거울만 보이는 빈공간에 frame in했다가 화장실 노크하고 거울을
보며 붉어진 얼굴에 파우더를 바르는 혜주. (지워버야죠)
화장실을 나오는 지영이 거울에 비친다. 세면대로 가 손을 씻는
다. 지영과 혜주의 얼굴이 거울속에 겹쳐있다.

ㅅ 바추르

해주 넌 요즘 집에서 노는거야?

지영 응. 뭐 좀 생각하느라고 그냥 집에 있어.

해주 뭘 생각한다고?

(18-2) M.S

extra shot

손을 씻는 지영

지영 유학가면 어떨까 생각중이야. 텍스타일디자인은 우리나라에서 공부해도 다시 외국나가서 공부해야 되거든

해주는 웃으며 화장실로 들어간다.

해주(V.O) 야, 유학은 뭐 아무나 가니? 돈이 있어야 가지. 그러지 말고 내가 어디 알바자리라도 알아봐 줄테니간 돈이나 벌어, 어? 야 서지영!

지영. 거울속에 비친 자기 얼굴을 보다가 해주의 말이 끝나지도 않았는데 밖으로 나가버린다.

#20. 신포동 지하보도 (안/밤)

(20-1) 이동차 /L.A/M.S→ F.S
언덕이 있는 약간 커브가 있는 지하보도.
달리는 아이들의 다리를 따라가는 카메라.
카메라가 언덕을 훌쩍 넘어가면 달려내려가는 아이들의 F.S과 긴 지하보도와 함께 보인다.
아이들 웃으며 질문을 닫는 지하보도를 뛰어간다.
앞에 비류,온조와 지영이 뛰어가고 뒤에는 해주,태희,한율이 따라간다.

(20-2) 이동차/ F.S
닫히는 문과 문을 내리는 수위아저씨를 달리는 아이들의 시점샷으로 잠깐

(20-3) 이동차/ M.S
달리는 아이들의 앞모습이 길게 보이는 샷
아이들 뒤쪽에서 철문이 내려지며 닫히는게 멀리 보인다.

아이들 잠깐만요, 아저씨 스톱!

수위아저씨(V.O) 빨리들 와

(20-4) 이동차 /F.S→L.A→ L.S

향

#46. 놈이치지역사   장 면 구 성

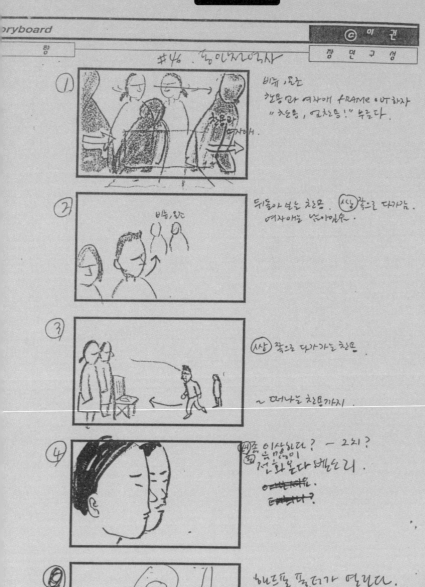

① 비규.모드
화롱과 여자에 FRAME OUT하자
"화롱, 요화롱!" 부르다.

② 뒤돌아 보는 화롱. (상)쪽으로 다가옴.
여자애를 넘어입수.

③ (상)쪽으로 다가가는 화롱.

~ 떠나는 화롱까지.

④ 좀 이상하다? — 그치?
눈빛이
전화보다 빼으리.
~~어떤데라.~~
~~든거다?~~

⑤
ins-3)

핸드폰 폴더가 열리다.
두개동시에. C.S

ryboard   #47. 멀티프레임.   ⓒ 여-권

향   장 면 구 성

(ins-1)

- 머리비 핸드폰.
전화하는

컷당
10ft. 정도의
바늘 @ 떨집.

(ins-2)

(ins-3)

비유로
핸드폰

(ins-4)

④

storyboard　　4か. 멀티프레임　　　─ⓒ 애 권

응　　　향　　　　　　　　　　　　장 면 구 성

①

태희 [맥박뛰 체크상]

여- 상동
바를 웃돌

③

[뚜인서 역상]

일요일에는 장사해야되는데...

③

[편의점]
올라서는 혜주
사민?

일요일에 집정리좀 하려고
했는데.

④

[지영방]
연상하는 지영.

지영 인터뷰

SHOT LIST

3월 27, 28일 제 19, 20 화차

<u>48. 거래/월미도 (밤/오후)</u> 한꺼번에 움직이지 말것, 쓸쓸한 느낌, 유원지 느낌, 하나둘씩 등장

shot 너무
디테일하
잖어

(48-1)비류온조 F.S-->헤주L.S
선글라스를 낀 비류. 온조는 인형뽑기를 하고 있다. 이미 여러개 세워져있는 인형들

헤주 비류, 온조!

둘은 기계를 만지느라고 돌아보지 못하고 대답만한다. 카메라는 헤주에게 오른쪽으로 팬한다. 헤주는 지영
을 보고, 지영에게 다가간다.

(48-2)걸어오는 헤주F.S/이동-->앉아있는 지영과 헤주 M.S
헤주가 걸어온다.

헤주 어, 서지영, 너 머리가 왜그래? 양아치 같애. 집에서 가출나?

헤주가 의자에 앉으면 머리를 노랗게 염색한 지영이가 책을 읽고있는게 보인다. 지영이 카메라쪽으로 정면
에 앉아있고 헤주는 옆모습으로 앉는다. 헤주를 잠깐 올려다보고 다시 책으로 시선을 돌리는 지영.

헤주 추운데 뭘 그렇게 열심히 보고 있어, 뭐야?

헤주가 책의 표지를 보려고 한다.

(48-3)책 C.S/핸드헬드-->지영B.S
지영의 손이 헤주의 손을 뿌리치며 책을 가방에 넣는다. 고개를 돌리는 지영

(48-4)헤주 정면 B.S
헤주, 기막혀하며 시선을 돌리며 어색하게 앉아있다.

(48-5)걸어오는 비류와 온조 F.S/이동--> 비류와 온조, 헤주의 M.S
비류, 온조는 뽑은 인형을 들고 걸어 온다. 카메라 빠지면 둘은 헤주의 양옆에 앉는다.지영이도 보인다.
비류,온조 서로 눈을 맞춘다

비류 우리 저번에 찬용이 봤다.
헤주 그래?
온조 어떤 여자애랑 가고 있던데?
헤주 그래서
비류 그냥 그랬다구, 근데 그 여자애 무지 귀엽더라.
온조 찬용이도 그날따라 아주 멋있어 보였어

(48-6) 걷고있는 태희와 미얀마인들 F.S/이동-->태희뒷모습F.S
태희와 미얀마인들이 애기를 나누며 걷고있다.

미얀마인들 나 한국사람 좋아, 나 한국여자 사랑해.
태희 한국말 잘하네요. 어디서 오셨어요?
미얀마인 미얀마.

태희 애들쪽으로 간다.

태희 야 미얀마가 어디 있는 거니?
비류와 온조 버마
태희 응?
비류와 온조 버마
미얀마인 미얀마

(48-7)아이들 OS 걸어오는 태희F.S
애들앞에 다가오는 태희

태희 애들아, 어떨까? 같이 놀자는데?

SHOT LIST

3월 28일　제 20 회차

*부감: 우리의 주인공들 인산인해의 사람들 틈을 가로질러 다니고 있다.

49. 의류상가 '두타'지하1층 (안,밖/밤)

(49-1)에스컬레이터 이미지 F.S
에스컬레이터 거울에 복잡하게 보이는 쇼핑소녀들과 다섯아이들 　→

(49-2)내부 에스컬레이터로 올라오는 아이들 M.S/ 이동차
에스컬레이터를 타고 올라오는 사람들사이로 아이들이 보인다. 카메라 아이들 따라 달리아웃하면서 오른쪽으로 팬하면 비류와 온조는 만화 캐릭터들이 프린트 되어있는 가게(294)로 가고 세 아이들은 혜주따라 앞쪽가게(251)으로 간다.

(49-3) 가게251앞/혜주M.S/픽스
이미 쇼핑백을 많이 든 혜주는 이옷 저옷 만져보고 가격표도 확인, 혜주 뒤의 지영이는 그런 혜주를 본다.
혜주, 옷을 대고 거울을 본다. 태희가 혜주의 쇼핑백들을 들어준다. 혜주가 지영이를 본다.

혜주　이거 어때? 살까?
태희　또 살려구?
혜주　갖고 싶은 게 계속 보이는데 어떡해.이거 얼마에요? 　　　　　　F.S / FIX

지영이 슬그머니 뒤쪽으로 가장 태희도 혜주짐을 옆에 놓은채 따라간다.

(49-4)걷는 태희와 지영 뒷모습 F.S/이동차
태희는 지영이를 뒤따라가다가 한가게에 진열되어있는 칼을 보고 멈춘다. 태희를 보다가 가는 지영　

(49-5)걸어오는 지영 M.S/이동차　dollyout
지영이 태희를 뒤돌아보다가 모서리를 돌아 나온다.　　FIX

(49-6)걷는 혜주 정면F.S/픽스 →이동
혜주는 옷뭉치를 받고 두리번거리다가 전화를 하는 혜주.　M.S 줌아웃dolly out

혜주　야 태희는 어디에 있어?

(49-7)태희측면 M.S/픽스-->이동차
태희, 칼을 쟁기고 혜주에게 전화 받고 걷고있는데 모서리를 돌아나오던 비류가 보인다.

태희　너 어딘데? 야 온조야!
비류　나 비류야.
태희　온조는?
비류　몰라

만나서 걷는 둘의 뒤쪽으로 지나가는 혜주

(49-8)인서트
올라가는 에스컬레이터에서 본 가게들의 천장면들이 미로같이 생겼다

(49-9)걷는지영 정면B.S/이동차
지영 혼자 걷고 있다.

(49-10)걷는 혜주 정면M.S/이동차
혜주가 전화하며 걷는다.

혜주 거의 다왔으니깐 그럼 거기 그대로 있어. 아니야 내가 갈게.

혜주의 뒤쪽으로 온조가 혜주를 보고 따라온다.

SHOT LIST   6월15일 (금)   51회차

#1. 인천항-1년선- (밤/해질녁)

- 콘티는 없어요
- 썬의 총길이는 전체적으로 2분~3분 정도, 타이틀과 크레딧이 올라가요
- 전체를 핸드헬드로 찍어요.처음에는 타이트한 쇼트들로 시작해서 어느순간 커다란 인천항이 보여요
- 애들이 즐겁게 노는 상황을 다큐처럼 찍을겁니다.
- 지영과 혜수는 유독 친한 사이임이 보여져요
- 애네들이 여기에 어떻게 들어왔는지는 중요하지 않아요

<대략의 상황> 장소 : 5부두 앞

아이들이 가르키는 트롤리앞의 입적스티커가 보인다.
왁자지껄 소란스럽게 웃고 떠드는 아이들
이게 왜 여기에 있는거지?
마담버터플라이?
마담버터플라이 공연에서 쓰는 소품인가 보다
아 너 일본어도 읽을수있어
아 이정도는 기본이지
롱비치라는곳에서 왔네?
오오~

아이들이 자동차를 이리저리 둘러보며 움직이기 시작한다.
처음에는 아이들을 보여주고 자동차를 탄 카메라가 서서히 빠져서 인천항의 넓은 공간이 드러난다. 원
형달리의 느낌으로 도는 자동차, 트롤리가 있는 공간이 인천항 한가운데임이 드러난다.
멋있다
트롤리가 뭐야
안에 들어갈순 없나?
안을 들여다 보는 아이들

차의 후미에 올라타 보는 아이들
태희는 카메라를 들고 친구들을 찍는다.
노래를 부르는 아이들
야! 우리 둘도 좀 찍어
혜수와 지영은 서로 끌어 안으며 볼을 맞대고 포즈를 취한다. 사진을 찍어주는 태희.
비류와 온조가 멋진 폼을 잡는다. 사진을 찍어주는 태희

저쪽으로 웃으며 가는 태희, 트롤리와 아이들을 찍는다.
애들아 안녕 잘있어
태희야 잘가
태희는 아이들을 등지고 배들이 많은 쪽으로 뛰어간다. 거대하게 드러나는 항구의 모습.
태희가 빙글빙글 돌며 사진을 찍는다.
해질녁의 항구의 모습이 스틸이미지로 찰칵거린다.
카메라 빠지면 거대한 배앞에 서있는 태희가 보인다. (끝)

6/15   5 2회차

118. 분류심사원 앞 (밤/빔)

(118-1) 라디오 c.s

태희가 라디오의 안테나를 길게 빼고 주파수를 맞춘다. 음악이 흘러나온다.

(118-2) 태희 b.s 제자리

라디오를 옆에 놓고 책을 들어 읽기 시작하는 태희

(118-3) 담배에 불을 붙이고 피우는 태희측면 c.s

(118-4) 넘어가는 책 c.s 세자리검 앉기는 b.s

(118-5) 책을 읽고있는 태희 c.s F S

(118-6) 분류심사원 안쪽/ 트랙아웃 F . S

몇몇 원생들과 지영이 철문이 열리자 철문 밖으로 나간다. 원생들이 흩어져 가족에게 가는 모습이 보인다. 태희가 지영에게 서서히 다가온다. 태희가 짐을 들고 서있는게 보인다.

(118-7) 이동/ 지영 b.s-->지영 태희 b.s

지영이 걸어오는 모습따라 원형트랙아웃 짧게 하면 태희의 모습이 보인다.
태희가 서서 지영을 보고있고 지영이 태희에게 다가온다.
지영 웃는다. 태희손을 내민다.
지영 ? 것이서
태희 악수하자구 ㅇ
지영과 태희 손을 잡고 악수한다.

(118-8) 태희 c.s

날간어 **태희** 티티는 비류랑 온조에게 부탁했어 걔들이라믄 잘 키워 줄거야

(118-9) 지영 c.s

지영 태희가 들고있는 가방이랑 짐을 본다. 그냥 이거 하나야
태희 내가 졸업하고 나서 일년동안 아빠한테 돈 한푼 안받고 일했거든 나정도로 일하면 얼마를 받는
지 알아보고 딱 그만큼만 가지고 나왔어

(118-10) 태희 c.s

지영 어디 갈건데?
태희 가면서 생각하지 뭐. 혼자 다니는것보다는 너랑 함께 다니면 더 좋을 것 같아서

❻ 신공항 로비
(118-11) 태희, 지영뒷모습
망원의 낮은심도로 모니터만 잡힌 플랫한 프레임
모니터앞에 서있는 둘의 뒷모습이 보인다. 둘이 프래임아웃한다. 사람들이 오가는게 보인다.

시놉시스

시놉시스와 등장인물 소개는 개봉 전인 1999년 12월, 정재은 감독이
시나리오에 붙이는 마무리 작업으로 직접 작성한 버전을 실었습니다.

같은 여상에 들어가서 처음 짝이 된 혜주와 지영은 서로 친해진다.
어느 날, 분식집에서 떡볶이를 먹던 둘은 씩씩거리고 혼자 들어와 떡볶이를
시켜 먹는 태희에게 말을 시킨다. 태희는 같이 있던 친구가 자신이 가장
좋아하는 떡볶이를 싫어한다는 말에 흥분해있었다. 그날 이후로 혜주, 지영,
태희는 친구가 된다. 그리고 학교 쌍둥이 비류와 온조가 무리에 합류하면서
지루할 뻔했던 학창 생활을 떠들썩하고 즐겁게 보낼 수 있었다.

졸업하고 그들은 각각 다른 환경에 놓여지게 된다.
혜주는 여상 졸업생으로서는 최고의 직장인 서울 중심가에 있는 증권사에
다닌다. 태희는 아빠가 하는 맥반석 체험실 일을 도우며 따분해한다. 지영은
공장에 경리로 취직하였지만, 공장이 부도가 나는 바람에 실직하였다. 비류와
온조는 구슬을 꿰어 만든 액세서리를 길거리에서 판다.

지영, 새끼 고양이를 데려오다! 지영은 길에서 새끼 고양이를 주워 집으로
데려간다. 지영은 고양이에게 '티티'라는 이름을 지어준다. 지영은 할아버지,
할머니와 셋이 산다. 지영의 집은 천장이 점점 내려앉고 있지만 선뜻 수리하지
못할 정도로 가난하다. 그림에 소질이 있는 지영은 텍스타일 디자이너가 되고
싶지만 가난한 환경은 지영에게서 기회조차 빼앗아 간다. 아직 어린 지영에게
가난은 너무 버겁다.

고양이, 혜주에게 갔다 오다! 아이들은 혜주의 스무 번째 생일을 축하하러
모인다. 지영은 혜주에게 생일선물로 티티를 준다. 혜주는 고양이를
귀여워하며 받는다. 하지만 바로 그다음 날, 혜주는 기르기 어려울 것 같다며
지영에게 티티를 되돌려준다. 혜주는 성공하고 싶다. 그래서 동료 고졸
여직원들이 불평하는 걸 비웃으며 모든 일에 열심이다. 혜주의 부모님은
이혼하고, 같이 살던 하나뿐인 언니는 지방으로 떠난다. 서울로 이사하면서
인천에 사는 친구들과도 멀어지는 것 같다.

'친구 관계도 노력해야 유지되는 거야'라는 태희의 주장대로 더이상
학교에서처럼 항상 만날 수 없는 그들은 서로 끈을 놓치지 않기 위해
끊임없이 서로 전화하고 가끔씩은 일부러 시간을 내서 만난다. 그렇지만
학교에 다닐 때처럼 친구 사이가 편하고 재미있지만은 않다. 졸업할 때쯤

같이 친 증권사 취직시험에서 공부를 더 잘한 지영이 떨어지고 혜주가 붙으면서 벌어진 그들의 틈은 시간이 지날수록 더 벌어지기만 한다. 친구가 무엇보다도 중요하다고 생각하는 태희는 친했던 지영과 혜주가 멀어지는 게 못내 안타깝다.

그들만의 파티를 열다!

다섯 명의 아이들이 비류와 온조의 집에 모여 파티를 연다. 음식을 만들어 먹고 술을 마신다. 그들은 겉으로는 즐겁게 웃고 떠들지만 이미 벌어진 틈이 그들을 그저 편하게 하지만은 않는다. 달을 보러 옥상에 올라갔다 다시 집 안으로 들어오려던 그들은 실수로 문이 잠긴 걸 알게 된다. 문밖에서 추위에 떨던 그들이 추위를 이기기 위해 땅을 파기 시작한다. 땅을 파고 그 안에 들어가 신문지를 덮고 앉아 얘기하던 그들은 서로에게 평소에 하지 못했던 심한 말을 하면서 서로의 감정을 드러낸다.

누구에게도 스무 살의 삶은 쉽지 않다.
그들에게 무슨 일이 생긴 거지?

집이 무너지다.

친구들과의 파티가 끝나고 집에 돌아가는 지영은 기분이 이상하다. 집으로 가는 길이 한없이 길게 느껴진다. 집에 도착한 지영은 나갈 때와 다른 풍경을 보게 된다. 집이 무너진 것이다. 할아버지, 할머니는 보이지 않는다. 경찰이 지영의 청바지 주머니에서 '죽고 싶다 죽이고 싶다'라는 글이 적힌 쪽지를 발견한다. 지영은 할아버지, 할머니의 살인혐의를 받는다. 경찰의 취조에 말을 하지 않는 지영은 미성년자들이 심리를 받기 위해 거쳐 가는 곳인 분류심사원으로 넘겨진다. 혜주는 지영이 의심받을 만한 이유가 있을 거라고 생각한다. 태희는 친구를 믿지 못하는 혜주를 이해할 수가 없다. 비류와 온조도 지영에게 가고 싶어하지 않는다. 결국 태희 혼자 지영의 면회를 가게 된다.

태희, 떠나고 싶다.

태희의 집은 너무도 평범하다. 남들에겐 편안하고 행복한 가정으로 비춰질지 모르지만 태희는 답답하다. 가만히 고여 있는 물처럼 언젠가는 자신도 같이 썩어버릴 것만 같다. 그러기엔 태희는 궁금한 게 너무도 많다. 그래서 이것저것 해보지만 궁금증은 더 쌓여만 간다. 집에서 떠나 넓은 세상으로 가봐야 그 궁금증을 풀 수 있을 것 같다. 그렇지만 혼자 떠나기에는 두렵다.

태희, 고양이를 맡게 되다! 태희는 분류심사원에 가게 된 지영 대신 티티를 기르게 된다. 태희는 뇌성마비 1급 장애인이며 시를 쓰는 주상의 시를 타자로 받아적는 봉사활동을 한다. 주상은 태희를 좋아한다. 태희도 그런 주상이 마음에 든다. 혜주는 동정심과 사랑은 다른 거라고 하지만 태희는 그게 뭐가 다른지 알 수 없다. 그래서 태희는 주상과 잔다. 그 후, 태희는 아무렇지도 않지만 주상은 너무 힘들어한다. 태희는 주상에게 어떻게 해줘야 할지 모르겠다.

혜주, 술에 취하다!

혜주는 회사에서 울게 된다. 열심히 일하면 뭐든 이룰 수 있다고 믿으며 참으려 했지만 여상만 졸업한 여사원에 대한 사회의 편견을 넘어서기엔 너무 힘들다. 자신이 이상형으로 생각한 여상사는 자신에게 중요한 일이 아닌 개인적인 잔심부름을 시킨다. 혜주는 자신이 정말 잘 하고 있는 건지 이제 헷갈리기 시작한다. 여직원 모임에서 혼자 취한 혜주는 평소에 무시하던 찬용을 부른다. 찬용은 혜주가 부르면 언제라도 와준다. 혜주는 찬용과 키스한다.

이제 각자의 길을 가다.

비류와 온조는 사람이 거의 없는 거리에서 액세서리를 팔다가 쌍둥이 형제를 발견하고 운명을 느낀다. 황급히 짐을 싸서 그들을 뒤쫓아간다. 술에서 깬 혜주는 태희에게 전화를 하고 태희로부터 집에서 나간다는 말을 듣는다. 태희는 짐을 싼다. 가족사진에서 자신의 모습을 칼로 하얗게 파낸다. 태희는 집을 떠난다.

비류와 온조, 고양이를 부탁받다! 비류와 온조의 집에 들른 태희, 비류와 온조에게 지영의 고양이를 맡긴다. 어디선가 멈춰선 태희, 기다린다. 곧 문이 열리고 지영이 분류심사원에서 나온다. 포옹하는 두 아이. 둘은 나란히 길을 떠난다.

디자인
매장인

신혜주

대학 안 가구 성공할 거야... 서태지처럼...

> 혜주는 증권사에 다닌다. 여상만 졸업한 혜주는 직장에서의
> 잔심부름 등에 불평하는 고졸 동료들을 비웃으며 모든
> 일에 적극적이고 열심이다.

난 다른 애들이 우리 엄마, 아빠 이혼했어 그러면서 울고 그러길래
부모가 이혼하는 게 굉장히 슬픈 일인 줄 알았는데 별 느낌 없다

> 혜주의 부모님이 이혼을 한다. 혜주는 그 덕분에 지겹던
> 인천에서 서울로 이사하게 된 걸 기뻐한다.

여자가 영원히 아기를 가지지 않으려면 어떤 수술을 해야 하죠

> 혜주의 언니가 유부남의 아이를 가졌다. 혜주는 언니가
> 낙태 수술하러 가는 데 따라간다.

내 몸을 바꿀 수 있는 데까지 바꿔 볼 테야 몸은 만들기 나름이라구

> 혜주는 라식 수술을 한다. 인터넷으로 가슴 키우는
> 기계도 주문한다. 혜주는 외모를 바꾸면 자신도 바뀔 수
> 있다고 생각한다.

노인들과 산다는 건 쉬운 일은 아냐

        지영은 할아버지, 할머니와 산다. 세상은 부모 없고 빽 없는
        지영에게 너무 힘들다. 그러나 지영은 동정받기는 싫다.

거지가 될까 봐 무서워

        지영은 태희와 거지를 만난다. 태희는 거지처럼 세상을
        떠돌아다니고 싶다고 말하지만, 세상은 그렇게 만만하지 않다는 걸
        지영은 안다.

나에게는 이제 과거도 가족도 없어졌구
앞으로 나가기만 하면 되는 화살표가 되었어

        점점 내려앉던 천장이 지영이 비류와 온조의 집에서 자고 오던
        날 무너져내리고 말았다. 평소에 할아버지와 할머니가 죽었으면
        좋겠다고 생각하던 지영은 정말 고아가 되고 말았다.
        지영은 할아버지, 할머니의 사인에 대해 조사를 받으면서 아무
        말도 하지 않아서 청소년 보호시설인 분류심사원으로 넘겨진다.

시간은 많고, 할 일은 없고, 궁금한 건 많구... 그럼 대학에 가야 하나?
> 태희는 졸업 후 아버지가 하는 맥반석 체험실 일을 돕고 있다.
> 아버지는 얌전히 있다가 몇 년 후 시집이나 가라고 한다. 하지만
> 태희는 알고 싶은 일이 너무 많다.

집은 멈추어 있지 않아, 계속 물처럼 흘러가, 어디에도 머무르지 않아,
그게 내가 꿈속에서 본 집이야, 내가 원하는 집이기도 하고
> 태희는 집이 너무 답답하다. 고여있는 물처럼 집이 자기를
> 썩게 하고 있다고 생각한다. 어떻게든 집에서 벗어나 세상으로
> 갈 수는 없을까?

니가 도끼로 사람을 찍어 죽였다고 해도 난 니 편이야
> 태희는 친구가 정말 중요하다고 생각한다. 그런데 고등학교 때
> 친했던 혜주와 지영은 졸업 후 너무 달라진 처지 때문인지 계속
> 부딪힌다. 태희는 친했던 친구들이 멀어져가는 게 너무나 속상하다.

저두 지금 정상은 아니에요, 사랑에 빠지면 누구나 정상이 아니죠
> 태희는 봉사활동으로 뇌성마비 시인인 주상을 만나고 있다.
> 태희는 주상과 사랑에 빠졌다고 믿는다. 주변에서는 그런 태희를
> 이해할 수 없어 한다.

비류와 온조

외할아버지가 딸이 없으면 우리 엄만 누구예요?

비류와 온조의 엄마는 화교다. 외할아버지는 한국 사람과
결혼한 엄마를 용서하지 않는다. 그럼 우리는 한국 사람일까,
중국 사람일까?

이거 하고 있으면 마음이 착해지는 거 같아

비류와 온조는 구슬을 꿰서 액세서리를 만들어 돌아다니며
좌판을 한다. 가게는 답답해서 할 생각이 없다. 그냥 가고 싶은 데
가서 판다.

너두 배고프면 날 잡아먹어 알았지?

비류와 온조는 샴쌍둥이다. 둘은 둘이 하나라는 것만으로도
완벽하다고 생각한다. 친구들과 어울리고 있지만 친구들을
그다지 중요하다고 생각하진 않는다.

잘 지내니?

〈고양이를 부탁해〉로
기억하는 성장과 사회, 도시와 이야기

대부분 우울하고

가끔은 행복했던

복길
코미디와 케이팝을
좋아하는 직장인,
자유기고가

왜 옛날에 지어진 학교들은 전부 언덕 위에 있을까? 나와 성은이는 항상 빈 맥주병으로 퉁퉁 부은 종아리를 문지르고 있었다. 우리는 비슷한 점이 많았다. 식단표에 '짜장밥'이 적힌 날엔 매점에 가서 컵라면을 먹었고, 꽃 이름을 잘 몰라서 목련을 보고 백합이라며 좋아했고, 발명 동아리에 가입해서 페트병으로 물 로켓 만드는 걸 즐거워했다. 하지만 나는 단 한 번도 성은이와 내가 '영혼의 단짝'이란 생각은 하지 않았다. 우연히 겹치는 기호들이 있었을 뿐, 우리는 매일 너무 다른 생각을 했다.

영화를 볼 때 제일 많이 다퉜다. 그때 나는 막연하게 영화감독이 되고 싶었던 중학생이었고, 성은이는 악평에 천부적인 소질을 가진 까칠한 중학생이었기 때문이다. 데이비드 핀처의 〈파이트 클럽〉을 봤을 때, 내가 그 영화의 반전에 놀라 입을 틀어막자, 성은이가 시니컬한 표정으로 고개를 저으며 말했다. "영화가 너어~무 똥폼을 잡아서 반전이 쥐 오줌만큼도 안 놀랍다!" 그러면 나는 "왜 맨날 영화 잘 보고 나서 똥이니 오줌이니 그런 말 하는 건데?" 소리를 질렀고 성은이는 감상은 사람마다 다 다른 거라며 약을 올렸다.

"담임이 그러는데 내 꿈이 너무 공상이래."

막 학교에 부임한 20대의 담임은 구체적이고 현실적인 조언을 하고 싶어 했다. 그래서 장래 희망 칸에 적힌 '영화감독'이란 네 글자가 골치였다. 하긴 그랬다. 롤모델을 고를 때마다 좁아지던 선택지 안에 '영화감독'은 없었다. 그래서 정재은, 변영주와 같은 이름은 주변이 희미하기에 더욱 밝게 빛을 내며 나의 믿을 구석이 되어줬다. 고민 끝에 담임이 고른 조언은 '중학생쯤 되면 장래 희망은 시험을 치거나 학교를 진학해서 이룰 수 있는 것이어야 한다'였다. 중학생은 뭐는 모르면서 뭐는 안다. 나는 담임이 뱉은 한숨의 의미는 몰랐고, '뭘 모르는 애 취급'을 당했다는 건 잘 알았다. 시뻘건 수치심에 얼굴이 탄 내 앞에 성은이가 나타나서 큰 소리로 말했다.

"참 나. 웃기는 사람이네. 니 꼭 영화감독 돼서 스승의 날에 그 쌤 절대 찾아가지 마라!"

스승의 날에 찾아가지 않는 복수를 하고 싶었지만, 현실은 담임의 말처럼 흘렀다. 영화감독이 되고 싶긴 하지만 어떻게 작정해야 하는지 도통 알 길이 없었다. '일단 서울로 가면 뭐든 해결되지 않을까?' 지방 출신에게 이 발상은 현실의 고민을 한 방에 해결해주는 전능한 축복인 동시에, 아주 천천히 깨닫게 되었지만, 예정된 저주였다. 중학교를 졸업한 2004년. 축복을 믿은 나는 저주가 두려운 성은이와 작별했다. 서울로 떠나는 마지막 날까지 우리는 '개통된 KTX를 타면 금방이라도 만날 수 있다'는 말을 안심하듯 반복했다.

나는 공간을 느끼는 법을 모른다. 어디를 가든 위축되는 스스로를 제어하다 녹초가 될 뿐이다. 열일곱 살에 서울에서 처음으로 도착한 곳은 영등포였다. 분명 지하철을 탔는데 역 밖으로 나가려면 긴 에스컬레이터를 타고 내려가야 했다. 그 물리적인 모순을 느낀 순간부터 멀미가 났던 것 같다. 롯데백화점 역 앞 횡단보도에 서서 수많은 사람과 눈을 마주치자 어깨가 굳었고 속이 메스꺼웠다. 역에서 학교가 있던 영등포 경찰서 부근까지 걷는 동안 나는 몇 번이나 토할 것 같은 기분을 참았다. 그렇게 서울에 정착하는 수 개월 간 나는 시도 때도 없이 구역질에 시달렸다. 그러던 어느 날 문득 서울에 사는 사람들은 모두 무기를 장착하고 있다는 걸 눈치챘다.

나는 홍대에서 눈썹 피어싱을 했다. 신촌에서 하얀 헤어 피스 두 개도 머리에 붙였다. 동대문에선 스케이트 보더들이 입는다는 커다란 후드를 샀고, '테크노마트'에서 산 MP3도 목에 걸었다. 갑옷을 두르고 1호선과 2호선을 갈아탈 때마다 내가 서울에 조금씩 스며드는 기분이었다. 늘어나는 피어싱 개수만큼 마음은 점점 대범해졌다. 홍대와 당산 사이를 잇는 황홀한 양화대교는 한강철교와 동호대교를 궁금하게 만들었고, 남산을 한 바퀴 빙 두르면 이태원에 닿았다가 서울역에 닿기도 한다는 것도 알게 됐다. 아침에는 노원, 점심에는 장한평, 저녁에는 화곡동.... 하나둘 사귄 친구들의 집까지 영역을 넓혔다. '우리는 주로 어디에서 살고 있는가?' 하는 통계를 낼 수 있을 만큼 친구가 늘었을 때, 나

는 그들 중 일부가 늦은 밤 '삼화고속'을 탄다는 사실을 알게 됐다.

　DVX-100을 들고 처음 인천에 간 날은 하루 종일 하늘이 흐렸다. 나를 구월동에 있는 집에 재워 주기로 약속한 친구가 '인천 날씨는 맨날 이렇다'고 했는데, 나는 그 말을 전혀 믿지 않으면서도 왜인지 고개를 끄덕였다. 1호선을 타고 셀 수 없이 많은 역들을 지나는 동안 나는 캠코더로 창밖을 찍었고, 친구는 '인천여공'과 '남동공단'에 대한 내가 모르는 단상을 읊조렸다. '인천은 서울에서 그리 멀지 않은 곳인데 어떻게 '이방인 됨'에 대해서 이야기할 수 있는 거지?' 펼쳐 놓기 민망한 의심을 속으로 품으며 동인천에 도착해서 내가 처음 본 것은, 차이나타운의 이국적인 정취 따위에 아무 관심이 없어 보이는 시내버스가 무심하게 사람들을 실어 나르는 장면이었다. 나의 의심은 곧장 인천이란 도시의 압력에 의해 흔적도 없이 사라졌다. 그런데 왜 인천에 갈 때마다 날씨가 흐렸을까? 부평에서도 월미도에서도 주안에서도 항상 흐렸던 것 같다. 내가 만난 모든 사람이 인천이란 도시를 묘사할 때마다 전해지던 그 이상한 외로움의 출처는 혹시 날씨였을까?

　〈고양이를 부탁해〉는 2001년 성은이와 처음 관람한 그 순간부터 20년이 지난 지금까지 나를 끊임없이 사로잡았다. 그래서 '영화에 의지했던 내 감정의 세월을 드러내지 말자'는 다짐 또한 수포로 돌아갔다. 이 글에서 어떤 것을 말해야 했을까. 인천, 여성, 스무 살, 불안, 이방인, 포기한 꿈, 고양이… 어떤 것에 집중해서 말해야 했을까? 정재은이 되고 싶었던 나는 그토록 얄미워 보였던 혜주로 자랐다. 내가 있는 모든 곳이 무너져 내리는 것 같은 기분일 땐 지영을 따라갔고, 어디든 떠나지 않으면 견딜 수 없다 느껴질 땐 태희가 내미는 손을 잡았다. 가족이 마지막으로 함께 모여 살았던 대구의 아파트, 비가 오면 천장에 홍수가 나던 구로의 반지하 주택, 송도에 직장을 구하며 얻은 남동공단 안의 외진 오피스텔… 서글픈 감정들을 경유하며 가구와 집을 잃어가는 동안에도 나는 이 영화를 나의 집이 표시된 지도처럼 꼭 품고 있었다.

　30대가 된 나는 고향도, 서울도, 인천도 아닌 곳에서 산책을 하고 있다. 지도의 바깥이다. 지금은 〈고양이를 부탁해〉를 보고 난 뒤에 성은이가 뭐라고 했는지 떠올리기 위해 애를 쓰고 있다. 기억이 나지 않고 그냥 성은이가 보고 싶다. 이곳에서 나는 '티티'를 꼭 닮은 아기 고양이를 발견했고 이름을 '미로'라고 지었다. 나는 다시 외로운 미로 속이다. 겁이 나지만 괜찮다. 눈을 감아도 그릴 수 있을 만큼 수없이 외운 지도가 어디든 데려다 줄 거라는 걸 안다.

이것은 20년에 걸쳐 서서히 내 마음에 자리를 잡은 용기다.

난 너를 믿는다는 말이 준

위로

강유가람
영화감독.
〈우리는 매일매일〉,
〈이태원〉

영화를 만들고 싶었다. 내가 경험하지 못한 세계를 동경하게 해주는 영화가 좋았다. 하지만 내가 좋아했던 영화 속 삶에 '공감'할 수 있었던 것은 아니다. 그 삶들은 나의 삶과는 전혀 상관이 없거나, 나와 전혀 비슷하지 않은 사람들, 주로 남성들의 것이었다. 좋아하면서 동시에 깊이 공감할 수 있는 영화를 만나기는 어려웠다.

그런 내게 〈고양이를 부탁해〉는 그동안 만난 적이 없었던 영화였다. 영화는 10대 후반에서 20대 초반의 내가 경험했고 가지고 있었던 어떤 감정과 정서를 정말 섬세하게 담아내고 있었다. 서로가 비슷해 보였던 교실에서 벗어나자, 삶의 조건이 더 선명하게 보였고 각자의 삶의 경로 역시 달라지는 것이 실감 났다. 그즈음 친구들과의 우정 어딘가가 틀어지고 있을지도 모른다고 생각하면서 늘 긴장하고 복잡한 마음에 방황하고 있었다. 조금씩 어긋나다가 결국 멀어져 버린 관계들에 대한 미묘한 아쉬움과 서러움, 질투와 동경이 뒤섞인 채 전화기를 들고 하소연을 하던 시간들. 담배를 피우고 소주를 마시면서도 아직은 성인이 아닌 것 같았지만, 사실은 이미 성인이 되어 버린 것 같은 기분. 그래서 앞으로 어찌할 바를 모르겠다는 생각에 빠져 있었다. 〈고양이를 부탁해〉의 주인공들은 인천에 살고, 여상을 졸업하고 바로 사회생활을 시작했다는 삶의 다른 배경을 가지고 있었지만, 이 영화 속엔 20대 초반의 여자라면 느낄 수밖에 없고, 겪을 수밖에 없는 삶의 순간들이 매 장면마다 펼쳐지고 있었다.

등장인물 모두가 나의 일부에서 떨어져 나온 것 같은 느낌도 들었다. 나는 온 세상에게서 버림받은 지영처럼 느껴지기도 했고, 성공에 대한 강박을 끊임없이 느끼지만 쉽게 좌절할 수밖에 없는 혜주처럼 느껴지기도 했다. 태희처럼 가부장적인 분위기의 집을 싫어하고 자유롭게 독립하고 싶은 마음에 감정이 이입되기도 했다. 영화는 나뿐만 아니라 내 친구들이 나누던 고민의 결을 그대로 복사한 것 같은 느낌마저 주었다.

영화의 OST를 매일 듣고 태희, 혜주, 지영의 마음을 마주하면서,

방황하고 지나간 관계들로 상처받았던 나의 10대와 20대의 어느 순간들이 위로받는 느낌이었다. 태희가 지영이에게 "도끼로 사람을 찍어 죽였다고 해도 나는 너 믿어"라고 전할 때, 이상하게도 그 대사가 나에게 들려주는 말 같았다. 앞으로 무엇을 해도 괜찮을 것이고, 지나간 관계를 너무 아쉬워하지 않아도 된다고. 다시 새로운 친구와 기회가 네 앞에 나타날 것이라고. 앞으로 겪어야 할 세상이 아무리 거칠고 험난할지라도, 함께라면 괜찮지 않냐고 말해주는 것 같았다. 그렇게 〈고양이를 부탁해〉라는 영화는 나를 위로한 것처럼 '너에게도 누군가를 부탁한다'는 요청처럼 다가왔다. 그리고 이런 감정을 주는 영화를 만들고 싶다는 바람이 내 마음에 크게 각인되었다.

우여곡절 끝에 내가 영화를 만드는 사람이 된 것은 〈고양이를 부탁해〉를 만나고도 한참 지난 다음이다. '영화를 만든다'는 그 우여곡절의 시간을 겪어 나가는 동안, 이 영화가 가끔씩 떠올랐다. 어디선가 태희와 지영, 혜주, 비류, 온조가 힘내서 살아가고 있을 것 같은 상상을 하면 나 역시 기분이 좋아졌다. 지영이와 태희는 워킹 홀리데이를 간 것일까? 태희는 여행기를 쓰는 작가가 되었을 것 같고, 지영이는 해외에서 텍스타일 디자이너가 되었을 것 같았다. 둘 다 한국엔 돌아오지 않았을 수도 있다. 혜주는 똑순이처럼 한국 어딘가에서 잘 살고 있을 것 같았다.

이렇게 살아 숨 쉬는 캐릭터를 만날 수 있었던 것이 행운이라고 생각한다. 오랫동안 이 캐릭터들이 내 마음속에 남았던 것은 영화가 그들이 발 딛고 있는 삶의 풍광을 다큐멘터리처럼 사실적이고, 디테일하게 다뤘기 때문일 것이다. 주로 여성의 삶과 역사를 다루는 다큐멘터리를 만드는 사람으로서, 나는 다양한 세대와 배경을 가진 여자들의 이야기가 세상에 퍼져 나갈 때 생겨나는 힘을 믿는다. 더 다양한 여자들의 이야기가 세상을 채울 때, 우리는 일상에서도 자신의 감정을 더 신뢰하고, 앞으로 나아갈 수 있을 것이기 때문이다. 그런 의미에서 〈고양이를 부탁해〉는 처음으로 나의 감정을 보듬고, 신뢰해준 영화였다. 누군가에게는 소소하다고 느껴질 수 있는 이야기이지만, 그 이야기여야만 하기 때문에 전달되는 감정이 있다.

영화를 다시 보면서 조금 민망하지만 나 자신에게 해주고 싶은 말이 생겼다. 〈고양이를 부탁해〉처럼 여자들이 잔뜩 나오는 영화를 만들고 싶다고 생각했던 그 감정을 잘 가지고 있어줘서 고맙다고. 그리고 계속 버텨서 이렇게 〈고양이를 부탁해〉에 대한 애정을 고백할 수 있는 기회를 가질 수 있게 해줘서 고맙다고 말이다.

망해버린 세상에서,
〈고양이를 부탁해〉

— 포스트 IMF 시대상을
그린 최초의 영화

권김현영
여성학자.
〈다시는 그전으로 돌아
가지 않을 것이다〉,
〈늘 그랬듯이 길을 찾아낼
것이다〉, 〈여자들의 사회〉
등을 썼다.

관계의 밀도

2001년 10월 〈고양이를 부탁해〉가 개봉하고 20년이 흘렀다. 개봉 당시에 〈고양이를 부탁해〉를 살리자는 관객운동이 있었는데, 당시 20대였던 나도 이 영화를 세 번이나 보러 갔었다. 여고 동창들과 함께 보고 돌아온 날의 기억이 지금도 생생하다. 우리는 혜주가 꽤 얄밉다고 생각했고, 지영이 혜주에게 가지는 감정이 어떤 것일지에 대해 토론했다. 지영은 어쩌면 혜주를 특별하게 생각했던 것 같다고, 그렇지 않으면 고양이를 선물하거나 직장에 불쑥 찾아오지는 않았을 거 같다는 얘기를 하면서 영화에 나오지 않은 시간을 궁금해했다. 아마 혜주와 지영은 둘이 학교에서 전교 1, 2등을 다투는 관계이면서도 서로를 꽤나 의식하는 특별한 관계였을 텐데 졸업한 다음에 점점 각자의 처지에 따라 멀어졌을 거라고, 태희는 그 누구와도 다정하게 지내는 애였지만 그 누구와도 특별하게 지내지는 않았을 텐데 그래서 아마 지영과 함께 떠난다는 결말이 납득이 되었던 것 같다고. 그런 얘기를 한참이나 떠들었다. 친구들 사이에도 집이 잘사는 애가 있었고 형편이 어려운 애가 있어서, 밥을 뭘 먹으러 가야 할지 생일선물의 규칙은 어떻게 정해야 할지 등은 꽤나 중요한 문제였다. 당시 이 영화를 보고 와서 우리들은 친구 관계의 밀도와 거리, 균열과 차이를 다루는 방법에 대해 오래오래 이야기를 나눴다.

'포스트 IMF' 시대의 풍경

그리고 이십 년이 지나 이 영화를 다시 보니 그때는 미처 보지 못한 부분이 새삼스럽게 다가왔다. 특히 이 영화에는 '포스트 IMF'의 풍경을 그려낸 최초의 영화라는 수식이 붙어야 하지 않나 싶을 정도였다. 포스트 IMF의 정서를 동시대에 이렇게 정확히 그려내다니 정말이지 놀라운 영화다. 1997년 11월 22일, 한국은 IMF에 구제금융을 공식요청했고 2001년 8월 23일 4년 만에 IMF 구제금융을 전액 상환했다. 당초 예상보다 3년 이른 시간이었다. 뉴스에서는 연일 한국의 재기에 대한 희망

찬 분석이 나왔다. 〈고양이를 부탁해〉는 상환이 마무리된 같은 해 10월에 개봉했다. 이 영화는 IMF 이후의 시간을 다루는데, 이때만 해도 목전에 닥친 문제가 정확히 어떤 문제인지를 최소한의 시야를 확보할 시간조차 없었던 터라 IMF가 한국 사회에 끼친 영향에 대한 제대로 된 논문 한 편 없을 때였다. 그중에서도 IMF가 사회초년생 여성들의 삶에 어떤 영향을 미쳤는지에 대한 사회적 관심은 전무하다시피 했다. IMF는 모두의 고통이었지만, 그중에서도 젊은 여성들의 일자리를 극단적으로 바꾸어놓았다. 나는 당시 졸업을 앞두고 있던 차였는데 거짓말처럼 눈앞에서 여학생들에게만 취업 문이 닫혔다. 과마다 몇 장씩 돌아다니던 추천서는 여학생에게 추천서가 가봤자 어차피 취업이 안 되니까 낭비 아니냐는 이유로 여학생에게는 돌아오지 않았다. 하지만 아무도 젊은 여자들의 생계에는 관심이 없어 당시 우리들은 '여대생먹고살기대책위원회'를 만들었다. 국가는 IMF를 졸업했어도 여전히 우리의 세계는 망해있었는데 아무도 그것을 알지 못했다.

그 시절 바로 사회로 나가야 했던 고졸 여성들의 삶은 어땠을까. 〈고양이를 부탁해〉는 인천을 배경으로 여자상업고등학교 동창생 5명이 고등학교를 졸업하고 난 다음의 삶에 초점을 맞춘다. 졸업 후에 어디에도 제대로 속해있지 못하고 뿌리 없이 떠도는 시간, 보통이었다면 아마 카메라가 꺼져있을 즈음에 〈고양이를 부탁해〉의 이야기는 시작된다. 영화의 배경은 인천이다. 극 중에서 지영이 폐업을 앞둔 인천공단에서 월급도 제대로 정산받지 못한 채 일자리를 잃는 장면이 나오는데, 영화의 배경이 된 인천은 IMF 구제금융 당시에 지역실업률이 9.5%에 달할 정도로 심각한 타격을 받은 도시였다. 혜주가 다니는 증권사는 정규직과 비정규직, 대졸과 고졸, 남성과 여성 간의 차별이 일상적으로 이루어지는 곳이다. 인천 최고의 여상을 좋은 성적으로 졸업한 혜주는 직장에서는 저부가가치 인생으로 취급된다. 이는 IMF 체제 당시 종금사와 은행이 대규모로 퇴출되고 매우 폭력적인 수준의 정리해고가 이루어진 이후의 금융권 전반의 풍경이기도 하다. 체질 개선을 명목으로 조직문화

전반이 큰 변화를 거치게 되면서 집안 형편이 어렵거나 대학 진학 생각이 없었던 공부 잘하던 여학생들이 최고의 여상을 졸업해 금융권에 취업해 임원까지를 노려보는 식의 고졸 신화는 IMF 이후로는 불가능해졌다. 인천이라는 지역성도 영화의 서사에 중요한 역할을 한다. 비류와 온조 쌍둥이 자매가 화교라는 설정은 차이나타운이 크게 군락 지어져 있는 인천이라는 지역성을 드러내고, 지영과 태희는 인천항에서 배를 타고 '탈조선'을 감행한다. 비류, 온조, 태희, 지영이 각자 태어난 나라에 정착하지 못하고 낯선 땅으로 가서야 희망을 찾을 수 있는 모습은 IMF 이후 국경을 넘는 여성들의 이동이 점차 증가했던 사회상과 일치한다.

볼거리가 아니라 보는 주체로

〈고양이를 부탁해〉 개봉 당시 홍보 카피는 "스무 살 섹스 말고도 궁금한 건 많다"였다. 당시 이 카피는 영화를 제대로 소개하지도 못하고, 선정적으로 눈길을 끌려 하는 전형적인 낚시성 홍보문구라는 비판도 있었다. 하지만 20대 젊은 여자배우들 다섯 명이 출연하는데 이들의 성적 매력을 어필하는 데에는 도통 관심이 없다는 것 자체는 분명히 이 영화의 특별한 점이다. 〈고양이를 부탁해〉의 주인공들은 볼거리로 소비되는 대신에 보는 주체로 등장한다. 스산한 거리, 위압적인 사무실, 찜질방의 손님들, 지붕이 이어진 빈민가의 골목, 밧줄이 엉킨 선착장, 막차 시간의 지하철... 스무 살 여성들의 눈에 비춰진 한국 사회는 숨 쉴 구멍이 하나도 없는 곳이다. 스베틀라나 알렉시예비치는 '전쟁은 여자의 얼굴을 하지 않았다'에서 우리가 전쟁에 대해 아는 모든 것은 '남자의 목소리'를 통해서였다며 철저하게 침묵 당해온 여자들의 전쟁에 대해 쓴다. 〈고양이를 부탁해〉는 경제위기를 곧 남자의 위기이자 가장의 위기로 재현하면서 사라진 여성들에 대해, 특히 이제 막 스물이 된 여자들의 입장에서 경험하는 한국 사회를 보여준다. 이들에게 가족은 폭력, 빈곤, 무시, 경멸 등이 일어나는 곳이고, 언제 사라질지 모르는 일터에서는 존재가 매 순간 부정당한다. 사랑을 꿈꾸지만 연애라는 것은 기대와 다르게 이기적이고 얄팍하기 그지없고, 영원을 맹세했던 우정도 점점 빛이 바래져간다. 실직과 붕괴된 집, 유일한 혈육이었던 조부모의 죽음, 엉망이 된 인간관계... 벼랑 끝에서 계속 밀려 나가던 지영은 어느 순간 자신을 누군가에게 부탁하는 것을 그만두고 입을 닫아버린다. 태희는 친구들 사이의 균열을 메우다가 지영의 세계가 온통 무너져있고 자신의 세계 역시 그렇다는 걸 알게 된다. 태희는 부모가 소유한 맥반석 찜질방에서 무급으로 일하면서 한심한 백수 취급을 받는 자신을 가족 사진에서 오려낸 다음 비행기표를 끊어 지영을 찾아간다. 경제 위기를 '극복'한 자리에는 전후 귀환 서사와 같은 감동적인 이야기로 가득 차 있지만 이들은 망한 세계 이전으로 돌아가기를 원치 않는다. 길거리는 이제 더 이상 노후에 걸인이 될지도 모른다는 공포를 안겨주는 곳이 아니라 어떤 일이 일어날지 모른다는 잠재성으로 가득 찬 곳이다. 그리고 이 망한 세상에는 기존의 세계를 부수고 기꺼이 길을 떠나온 여자들로 가득 차 있다, 지영과 태희, 그리고 아주 긴 목록의 승선명단을 떠올려본다. 지영은 묻는다. "그런데 어디로 가?" 태희는 답한다. "가면서 생각하지 뭐"

고양이가 본

인천

구영민
인하대학교 건축학부
교수

20년쯤 전에 인천은 도시 '정체성'의 논란에 빠져 있었던 것으로 기억된다. 20세기 말 글로벌담론이 한창일 무렵, 밀레니엄의 도래와 함께 탈산업화의 현장에서 '경인(京仁)'이라는 오래된 접두사를 붙여야만 인정되던 인천의 위상을 재조명하려는 움직임이었다. 당시 인천은 지방자치제와 광역도시의 환상 속에서 멀쩡한 산을 깎아서 바다를 메우고, 신도시 개발에 열중했으며, 구도심엔 고층 아파트들로 채우는 등 '역사의 일획'을 긋는다는 확신에 차 있었다. 그리고 한편으로는 이런 근거 없는 인천성의 확립이 오히려 정체성 '상실'을 가져오지 않을까 하는 우려를 낳고 있었다. 인천의 도시 구조는 매립(면)과 도로의 연장(선)으로 새롭게 구축되었고, 고유의 문화·지리의 지형은 무시된 채, 모든 모계신체의 동공이 파묻힌 상태였다. 관계를 조합하는 패턴이 없는데도 인천은 "정체성"의 독선과 "비전"의 회유를 통해 일시적이고 단편적인 도시의 정치·문화적 노선을 유지하려고 애쓰고 있었다. 중앙동과 조계지의 경관조성, 차이나타운 재개발, 그리고 신도시와 아파트 단지. 이 딱딱한 환상의 외피들은 인천을 여전히 가부장적 체제 속에 가둬 놓고 상실한 것들을 되찾도록 해주는 매뉴얼로 작동하고 있었다. 인천은 정태적인 정체(identity)보다는 유동적인 익명성(anonymity)을 통해 풀뿌리 장소를 찾고 있는데도 말이다.

그즈음 영화 〈고양이를 부탁해〉가 소수의 극장에서 개봉되었다. 하지만 흥행의 이유로 (인천에서조차) 조기 종영되었고, 뒤늦게 '인천 영화'란 사실을 알게 된 인천광역시 등 지자체와 시민단체 관계자들이 의기투합해 재개봉을 추진했던 기억이 있다. 인천을 배경으로 여고를 갓 졸업한 다섯 소녀의 불투명한 스무 살 과도기를 섬세한 연출과 꼼꼼한 공간사용, 이야기의 흡입력을 통해 세밀하게 표현하여 페미니즘 영화라는 평을 받았다. 한편, 건축가인 필자는 다섯 명의 캐릭터가 응시하는 인천이라는 도시의 면면과 각 등장인물로 투사되는 공간의 아우라를 통해 그동안 정체성 논란에 빠져 있던 인천에 또 다른 방황을 제시하고 있다는 점에서 큰 의미를 찾는다. 즉, 폭력적인 정체성보다는 가장자

리로 새어 나오는 빛을 통해 존재를 찾아가는 여정, 불안과 함께 경계에 머물면서 메타 패턴의 대지를 발견하는 탐사의 의지, 그리고 영화 속 인천의 대지를 바라보는 견지를 새로 다지는 기회를 얻었다. 요컨대 건축가는 대지를 통해 무엇을 상상하는가? 도시의 경직된 가면 뒤에 은폐된 인천의 "부드러운 시간"은 무엇을 주시하는가? 도시로부터 원시의 경계를 가로지르며, 원래의 고향으로부터 영원히 흩어진 사람들로 구성된 익명의 공간은 무엇으로 그릴 수 있는가?

6년 뒤(2007년) 나는 인천에서 '상상의 대지 탐사 전'이라는 제목으로 건축 개인전을 열게 되었다. 정 감독의 〈고양이를 부탁해〉로부터 얻은 영감과 화두 덕이다. 이 작업의 요지는 인천의 모체구도를 재발견하고, 인천의 잡종적 콘텍스트로부터 억지로 도시를 규정하기보다는 각 파편의 중심을 함께 가져가며, 도시적 서사를 통해 제3의 도시를 상상해보는 것이다. 새롭고 잡종적(hybrid)이며 전환적인 정체성의 창출, 동질화가 불가능한 차이들의 협상, 그리고 경계(境界)의 존재들이 공존하는 공간을 탐색하는 작업으로 이뤄졌다. 영화보다는 거칠고 불분명하지만, 적어도 우상화된 이미지의 구조를 피해 갈 수 있을 정도로 모호하고 역동적인 동시에, 파편과 같이 산란한 현상을 한곳에 모을 수 있을 정도로 낯설지만 친밀한 줄기를 유지하기 위해 인천 어딘가로 다시 잠적해버린 '고양이'의 순례를 따라다니며 나 또한 영화 이미지의 일부가 되고자 했다.

영화에서 다섯 명의 등장인물은 인천을 응시하며 기존의 체계를 혼란케 하는 영역을 도입하는 기재다. 고양이의 첫 번째 순례지인 지영은 인천과 가장 닮아 있는 불안정한 대상으로 그려진다. 출신에 대한 불확실성, 조부모의 공간 위에 살면서 만들어 내는 다양한 패턴 드로잉, 자유로부터 머뭇거리며 감금을 동경하고, 타자를 통해 탈주하려는 욕망을 가진 캐릭터로서 인천의 내면성을 반영한다. 반면에 혜주는 인천을 벗어나 서울을 지향하는 절대적 주변인으로 등장한다. 그녀를 통해 메트로폴리스의 의혹과 표면적 장소성에 귀의하려는 인천의 욕망이 그려진다. 서울의 동경이 유형화됨으로써 실체를 얻는 도시, 인천에 대한 또 다른 시선이다. 태희는 적극적인 이방인으로 등장한다. 그녀는 "가부장적 장소성을 부정하며 정체성을 비웃는 이단아(異端兒)"로 기능하지만, 주변을 기웃거리며 호기심과 동정을 갖는 따스하고 친근한 품성도 보여준다. 그녀를 통해 탈장소화한 근대 도시를 재확인시키며 파시즘적 담론에 가려진 인천의 진정한 모습이 구체화한다. 비류와 온조는 장소성이나 정체성과는 거리가 먼 수동적인 이방인(들)이다. 일란성 쌍둥이인 둘은 독립된 주체로서 서로에게서 정체성을 확인하는 동시에 응시의 양가성에 회의를 던진다. 〈화교가 인천의 역사적 근원을 투영하다〉 이 역설은 이질적 도시 콘텍스트, 같은 모습이지만 동질화가 불가능한 다층적 경계가 혼합하는 중간지대의 인천을 암시한다. 각각 다른 개성을 가진 다섯 캐릭터의 공간은 프레임에 갇혀 있지 않고 고양이의 순례를 따라 자유롭게 이동하며 그 속에서 주변화되고 억압되어온 도시의 틈을 노출한다. 그리고 이 틈이 던지는 응시를 통해 억제됐던 친밀함이 되살아나면서 '낯선 두려움(uncanny)'이 발생하며 인천은 불확정적 영역으로 확장한다. 인천의 내성이 바로 여기에 숨겨져 있다. 보편화한 요소가 원래의 콘텍스트로 되돌려진 이후에도 변전(變轉)과 변화를 일으킴으로써 기존을 불안정한 상태로 만들고, 영속적인 용해의 과정이 이어지도록 하는 것이다. 이러한 동적인 불확정성은 기호의 관계를 항상 미끄러지게 하면서 끊임없이 새로운 의미의 고리를 형성하는 '유목민적' 사고체계(바타이유)를 제시하는 일종의 은유다.

내 기억에 정재은 감독은 도시의 서사를 바탕으로 시나리오를 전개하는 몇 안 되는 영화감독 중 하나다. 또 관객들을 영화 일부로 만드는 재주를 가졌다. 그러기에 〈고양이를 부탁해〉와 같은 영화가 디지털 리마스터링을 통해 20년 동안 받은 사랑을 계속 이어갈 수 있다는 것에 박수를 보낼 수밖에!

인천
삼국지
거리

김정연
만화가. 〈혼자를 기르는
법〉과 〈이세린 가이드〉를
그렸다.

인천 삼국지 거리

글·그림 김정연

무슨 이야기 했어?

어?

왜?

유빈이.

급한 일이 생겨서 못 온다고. 미안하다네.

나중에 다시 연락 주겠다고.

서운하다~ 서운해~

고것이 아주 사람을 우습게 만드네~

〈끝〉

2001년의 장편, 2021년의 ㄱ

포토 코멘터리
정재은

영환하는 친구들

시나리오를 쓸 때쯤 사장님들이 들고
다니던 벽돌 크기의 핸드폰이 슬슬
슬림해지기 시작했다. TV에서는
'스무 살의 011'을 내세운 신비한 소녀
임은경의 TTL CF가 시작되었다.
핸드폰이 소수 사장님의 사치품에서
모두의 필수품으로 전환되는 시기였다.

촬영 전에 준비했던 이미지 콘셉트 중에
잘 시각화 된 게 핸드폰 관련 부분이다.
다섯 인물에게 가장 중요한 것은
핸드폰이라고 생각했다. 나는 핸드폰이
단순한 소품 이상의 의미를 가지기를
원했다. 서로 핸드폰으로 통화하는
모습이 영화에 많이 보였으면
좋겠다고 생각했다.

핸드폰이 스마트폰이 아니었던,
그저 전화에 가까웠던 시기였다.
당연히 카메라가 내장되어 있지 않았고
벨 소리는 16화음에 머물러 있었다.
지영은 자신의 검고 투박한 핸드폰을
새것으로 바꾸고 싶어 하고
모두들 스티커와 구슬로 정성 들여
핸드폰을 커스텀 했다.

핸드폰으로 늘 연락할 수 있게 되었는데
오히려 친구들 간의 거리는 점점 멀어져
간다. 단문밖에 전송되지 않았던 문자
메시지를 들여다보며 보낸 이의 의중을
새겨보았으면 좋겠다고 생각했다.

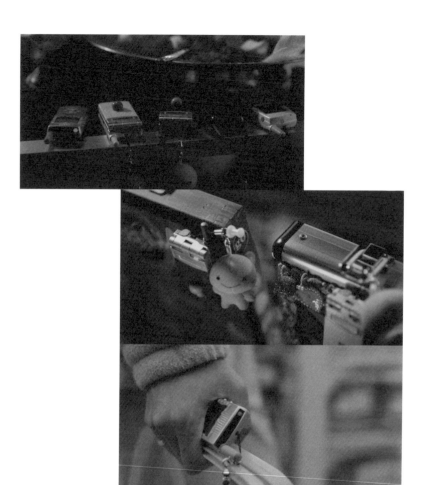

지영이 핸드폰을 보며 혜주를
기다리다가 떠나고 지영이 나간 후
뒤늦게 도착한 혜주는 서서 급하게
통화한다.

바쁜데 갑자기 찾아온 지영에 대한
짜증과 미안한 마음이 공존하는 혜주와
무너져 내리는 천장에 대해 혜주와
얘기라도 하고 싶었을 지영을 생각했다.

서로의 의도를 알 수 없는 채
통화는 하고 있지만 통하지 않았던
서로의 마음.

몰래 사귀는 연인 사이도 아닌데
느닷없이 삼각관계 속 비밀 데이트가
되어버리는 우정의 상황도 많다.

원래 혜주와 지영은 고등학교 때 둘도
없는 단짝 친구였고 태희는 뒤늦게
합류한 친구라는 설정이 있었다.

아마 태희와 지영은 단둘이 만나는
것은 아직은 어색한, 거리가 있는
친구 사이다.
시간차를 두고 지영과 태희에게 번갈아
오는 혜주의 전화에 두 사람은 잘못을
들킨 것 같은 모습이다.
특히 태희가 커다란 눈망울로
지영이를 흘깃 보기 때문에 더욱 그런
느낌을 준다. 아주 예민한 감정들이
오가는 상황이다.

214

원래 시나리오에는 혜주가 태희와
지영에게 전화를 하는 장면은 없었다.
태희와 지영이 전화를 받는 장면만으로도
충분히 상황 설명이 되기 때문이다.

새로운 촬영 장소에 가면 예정된 촬영
장면을 찍기에도 급급하다. 증권사는
촬영 분량이 많았고 며칠에 걸쳐
촬영했기에 공간을 두루 살펴 반드시
있었어야 할 장면을 건질 수 있었다.
헌팅된 증권사에 마침 칸막이가 있는
복사실이 있었고, 혜주 혼자 복사하는
장면이 있으면 좋겠다고 생각했다.
혜주의 증권사 장면들이 대부분 직원들과
함께 있는 장면들이다 보니 감정을 쌓아
나가기가 어려웠기 때문이다.

혜주가 복사하는 장면 앞에 핸드폰
통화를 마치고 핸드폰을 보다가 폴더를
닫는 상황을 추가해 29씬에 이어
편집했다. 만약 촬영하면서 이 장면을
추가하지 않았다면 세 사람의 관계
구축이 잘 살지 않았을 것 같다.
무엇보다 핸드폰으로 세 사람 관계의
변화라는 관념을 실체화 할 수 있었기에
다행이었다.

영화 촬영도 필름으로 하던 시대였지만
현장 스틸도 필름으로 하던 때였다.
스틸사진들은 내가 결정하지 않기
때문에 촬영 현장을 다른 앵글로
보여주기도 한다.

영화 속에는 창밖에 노출 오버되기
때문에 사무실 내부 쪽을 향해 있는데
이 스틸사진은 혜주가 창을 배경으로
있다. 당연히 창문 쪽은 디테일이
뭉개져 있다. 영화 촬영용 카메라의
포지션과 정반대 포지션에서 촬영을 한
스틸사진이다.

혜주가 어깨를 올려 핸드폰으로
누군가와 통화를 하면서 소프트렌즈를
세척하는 상황이다.
이 스틸사진을 보았을 때 화면 근경에
있는 포커스 아웃된 동그란 빛이
무엇일까 생각했었다.
혜주의 핸드폰에 달려있던 핸드폰
장식품에 빛이 닿아 반짝거렸나 보다.

증권사에서 혜주는 여러 장면에
걸쳐 위치를 이동하며 친구들과
핸드폰으로 통화한다.
눈으로는 촬영 중인 애널리스트 상사를
동경의 눈으로 바라보고 한 손에는
손님들을 접대할 음료가 담긴 쟁반을
안고 있다. 귀로는 태희의 툴툴거리는
불평을 들으며 머리로는 친구들과의
약속을 취소하려는 전략을 짜고 있다.

혜주가 증권사에서 핸드폰을 사용하는
장면에는 사회 초년생인 혜주의 복잡한
처세의 몸짓들, 친구들과 조금씩
어긋나는 시차가 표현되어 있다.
통창으로 들어오는 빛을 적극적으로
표현한 스틸사진들은 증권사 공간과
혜주라는 인물에 관해 나오는 또 다른
해석을 시각적으로 내놓고 있다는
생각을 하게 된다.

영화에는 비행기가 날고 있는 하늘 위로
태희가 보낸 문자 메시지가 뜨는 한
쇼트로 처리되었지만, 촬영은 지영이
통장 아줌마와 신공항에서 일하는
장면, 퇴근하면서 핸드폰을 열고
문자 메시지를 확인하는 쇼트를 모두
촬영했었다.

편집에서 삭제된 퇴근하는 모습과
핸드폰을 열고 문자를 확인하는 모습이
스틸사진들에 담겨있다. 지영이 걷는
모습과 그 뒤로 지나가는 비행기, 문자
메시지를 한 쇼트에 담고 싶었기에
촬영장소를 옮겨 촬영을 진행했다.

조감독이었던 박지성 님의 증언에
따르면 영화가 공개되고 나서 촬영지가
어딘지를 묻는 영화인들이 많았다고
한다. 당시엔 인물과 비행기가 한
프레임에 담기는 로케이션이 많이
발굴되지 않았었기 때문이다.

살아 있어 고마워

길고양이가 도둑고양이라고 불리던 시절이었다. 지금은 어느 동네나 고양이들이 많지만, 그때 고양이는 흔하게 만날 수 없는 귀한 존재였다.

새끼 고양이가 귀한 계절, 겨울이었다. 연출부들이 새끼 고양이 '티티'를 구하려고 전국을 누볐다. 특히 내가 지정한 코리안 숏 헤어 고등어 고양이는 더욱 캐스팅하기가 힘들었다. 한 마리만 캐스팅하면 불안하니, 동시에 비슷하게 생긴 여러 마리를 캐스팅해야 해서 더욱 어려운 일이었다.

어느 정도 서로 닮은 고양이들(전구, 백미, 조로, 초롱이, 방울이 등)이 캐스팅이 되었다. 고양이들의 노동환경은 그리 좋지 않았다. 그때의 고양이들을 생각하면 미안한 마음이 크다. 고양이들은 영화사 사무실에서 늘 대기해야 했으며 촬영을 위해 낯선 곳으로 차를 타고 매일 돌아다녀야 했다. 다행히도 고양이들은 숙소 생활을 하는 아이돌 연습생들처럼 잘 먹고 잘 놀고 잘 자랐다.

촬영이 시작되고, 대다수의 애들은 통제불능의 고양이 본성에 충실한 삶을 살기로 했는지 도무지 감독의 지시에 따르지 않았다. 그 중 몇 번의 촬영을 경험한 후, 독보적 연기냥으로서 가능성을 보여준 고양이가 '조로'였다. 눈이 검은 가면을 쓴 것처럼 생겨서 조로라고 불리게 된 고양이었다. 촬영이 시작되면 조로는 상대 배우와 시선을 맞추고, 상황에 집중하면서 인간들과 교감하는 연기를 보여줬다. 조로의 연기 때문에 촬영이 지연되는 일이 없었다. 촬영은 지영과의 장면이 가장 많았고, 난이도도 높았다. 조로는 늘 뚝딱 한 번에 OK를 받아내는 타고난 연기자였다. 조부모님을 잃은 지영이가 장례식장에 혼자 덩그러니 앉아있는 장면을 찍을 때였다. 조로는 앞발로 지영이의 얼굴을 지긋이 만져주는 즉흥 연기를 선보였다. 지영이에게 그보다 더 따뜻한 위로는 없었을 것이다. 조로야 고마워.

촬영이 끝나고 고양이들은 뿔뿔이 입양되었다. 조로도 특유의 친화력으로 행복하게 잘 살다가 묘생을 마쳤기를...

바람 부는 인천 월미도에서

2000년 1월 29일에 시작한 촬영은
2000년 6월 15일에 끝났다.

이 장면은 2000년 3월 27일에
촬영되었다. 19회차 촬영 날이었다.
기자들에게 촬영 현장이 공개되는
날이었다. 여러 매체의 기자들이 관심을
가지고 현장에 오셨다.
인터넷에 떠돌고 있는 영화 현장
사진들 중 유독 이 장면이 많은 것은
그런 이유 때문이다.

로케이션 촬영에 다섯 주인공과
엑스트라 배우들까지 대규모 인원이
등장하고, 강풍기가 동원되는
특수촬영이 있는 날이었다. 연출하는
상황을 많은 사람들이 지켜보고 있다는
것은 긴장되고 두려운 일이다. 게다가
시나리오를 쓸 때부터 가장 중요한
장면으로 여긴 장면이었으니, 여간
부담되는 날이 아니었다.
날은 흐렸지만 바람 부는 장면을
찍기에는 좋은 날씨라고 생각했다.

음악은 이미 오래전부터 밴드 모임 별의 '진정한후렌치후라이의시대는 갔는가'를 결정해 두고 있었기 때문에 헤드폰으로 음악을 들으면서 촬영장으로 향했다.

당일 콘티에는 다음과 같은 메모가 쓰여있었다.

"급하게 움직이지 말 것, 썰렁한 공간의 유원지 느낌, 쇼트를 너무 타이트하게 잡지 말자"

바람 부는 풍경 인서트가 4개 정도 있으면 좋겠다고 생각했는데 현장에 바람을 표현할 요소가 너무 없었다.

결국 같은 공간을 찍은 두 개의 쇼트가 점프컷처럼 나란히 편집되어 있는데, 이는 촬영된 분량이 부족했기 때문이다. (다행히도 이번에 디지털 리마스터링을 하면서 영화를 볼 때마다 늘 마음에 걸렸던 인서트 두 컷의 배치를 바꾸었다.)

다섯 인물들을 동시에 프레임 안에서 움직이는 쇼트들로 구성했기 때문에 촬영에 시간이 많이 걸렸다. 결국 횟집 골목에서 카메라를 향해 등장인물들이 바람을 맞으며 걸어오는 가장 중요한 쇼트를 촬영할 때는 시간에 쫓기게 되었다. 그때 강풍기를 처음 봤는데, 정말 컸다. 바람 조절은 자유롭지 않았다.

어마어마하게 강력한 바람만이 가능한 강풍기였다. 바람 세기를 좀 더 자유롭게 선택할 수 있었다면 하는 아쉬움 속에서 정신없이 촬영을 진행했다. 고속이라 필름을 많이 소모되었다. 고속으로 촬영할 때는 현장 비디오 모니터링은 불가능했다. 빨리 OK를 외치고 월미랜드가 후경에 배경으로 걸리는 버스 타는 장면을 촬영하기 위해 이동했다. 문제는 편집실에서 발견되었다. OK컷이 딱 하나였는데, 그 딱 하나의 컷에서 배두나님이 바람을 맞으며 목도리를 동여매다가 정신이 혼미해졌는지 카메라를 불끈 바라본다.

배우가 촬영 중 카메라를 본다는 것은 결국 관객과 눈이 딱 마주친다는 의미한다. 예비 컷이 전혀 없는 콘티였기 때문에 대안은 없었다. 편집상으로는 수정도 불가능했다. 결국 이 장면은 영화 속에 그대로 박제되었다.

마지막 스틸 사진을 보니 바람이 부니 자연스럽게 배우들이 둥그렇게 모여서 바람을 피하는 모습이 보인다. 만약 현장에서 좀 더 여유가 있었다면 저런 순간을 살려 연출에 반영했어도 좋았을 텐데 말이다.

이날 계획한 콘티는 총 14쇼트였다. 영화에는 13쇼트가 남았다.

촬영과 함께 진화하는 배우

극적인 연기를 펼칠 수 있는 장면이 없을
때 배우가 연기의 톤을 잡아 나가는
것은 몹시 어려운 일이다. 태희라는
캐릭터가 그렇다. 집안에 큰 문제나 갈등
요소가 없는데도 엔딩에서 과감히 집을
나간다. 배우로서는 표현하기가 굉장히
어려운 역할인 것이다.

이 장면은 총 52회차 촬영 중 50번째에
촬영되었다.
가족과 함께하는 장면 속에서 태희의
왠지 모를 불편함이 느껴져야 하고,
가족 곁에 있어도 혼자인 듯 도도한
느낌도 우러나와야 한다. 이제는 사라진
토니 로마스에서 촬영된 이 장면은
대사가 많고 태희가 느끼는 감정도
대사로 적극적으로 드러난 장면이다.
그런데 이 현장 스틸 속 배두나는 말이
없이 가만히 무언가를 응시하기만
하는데도 충분히 표현된 태희
같은 느낌이다.

시나리오를 쓰고 영화를 만들 때는
잘 몰랐던 것 같다.
영화를 촬영해 나가면서 이미 배우는
말없이 화면 안에 있기만 해도 많은
것을 말할 수 있다는 사실을. 말없이
가족을 응시하기만 했어도 참 좋은
장면이 되었겠구나...

좋은 배우는 영화의 촬영이 전개될수록
배역의 인물로 차츰 동화되어 간다.

태희가 누워있는 이 배는 소품으로, 미술 스태프들이 디자인하여 제작된 것이다. 그러니 안전할 턱이 없다. 과연 강물에 뜰 것인가도 관건이었고, 배 안으로 물이 들어오지는 않을까 다들 걱정이 많았다.

배의 일부만 보이는 장면은 기슭에서 잠수복을 입은 스태프가 배를 붙잡은 상태에서 촬영했던 거 같다. 문제는 강가 전체가 보이는 넓은 쇼트를 찍는 일이었다. 무엇보다 배우가 두려움을 느낄까 봐 걱정이 되었다. 배두나는 전혀 괜찮다고 했다. 겁나지 않는다고 초등학교 때 수영을 배웠다고...

배를 강물에 띄워 보내고 우리는 강기슭에서 촬영했다. 배두나는 아무런 두려움 없이 미동도 하지 않은 채, 배에 평온하게 누워서 강물의 흐름에 모든 것을 맡겼다. 자유를 상징하는 파란색 깃발을 배에 꽂아 두었다.

"난 그냥 계속 돌아다니고 싶어. 어떤 곳이든 한곳에 머물러 살아야 한다고 생각하면 너무 답답해. 계속 배를 타고 그 어디서도 멈추지 않고 물처럼 흘러다니면서 사는 거야. 이렇게 배 안에 누워서 지나가는 구름도 보고 책도 읽고..."

시나리오와 영화의 대사에는 차이가 있다. 아마 배두나 님이 스스로 호흡에 맞춰 바꾼 것 같다.

영화를 자세히 보면 가슴에 책이 한 권 펼쳐져 있다. 태희는 그 책을 소중히 안고 있다. 아마 내레이션에 충실하게 준비된 소품이 아니었는가 생각된다. 무슨 책이었는지는 기억이 나지 않는다. 엔딩 장면인 분류심사원 앞에서 태희가 읽고 있던 책이 A.J.크로닌의 〈성채〉였는데 천천히 몇 개월에 걸쳐서 읽고 있는 중이었을 것이라고 짐작하기로 한다. 참고로 월미도에서 지영은 마르셀 프루스트의 〈스완네 집 쪽으로〉를 읽고 있었다.

내가 좋아하는 딱 한 장의 사진들

원래는 자유공원에서 촬영을
계획했는데, 지영 집 근처에
좋은 로케이션이 있어서 촬영 장소를
변경했다. 작은 도시락 공장이었고,
노란 도시락통과 밤늦도록 일하는
여성들을 한꺼번에 담을 수 있었다.
지영과 태희는 고등학교 때까지
그다지 친한 사이가 아니었다.
이날 태희는 허락도 받지 않고
지영이네 집을 방문했다. 현재의
감수성으로는 도저히 납득하기 힘든
설정이다. 선의에 의한 것이더라도
상대방이 불편해할 수 있으니까.

그런데 지영 입장에서 한번 생각해본다.
감추려고 했던 자신의 환경을
직시해준 친구를 만나게 되었으니
비로소 조금 더 마음이 가벼워지지
않았을까. 걱정과 고민을 터놓는
것만으로도 한결 표정이 밝아질
수도 있는 것 아닐까. 어차피 인생의
딜레마에 근본적 해결책은 없는 것
같다. 그러니 의외의 친구에게 터놓고
기분이 괜찮아진다면 다행인 것이다.
20년 만에 디지털 리마스터링 작업과
재개봉을 하면서 이 영화 안에
이런 빛나는 순간이 담겨 있어서
다행이라고 생각했다.

좋아하는 장면이다.

삭제씬이다. 입을 닫고 말을 하지 않던 지영이의 마음이 드러나는 장면이고 연기도 좋았다. 나는 중요하게 생각했던 장면이었는데 제작자의 반대로 삭제됐다. 삭제의 이유는 내용이 신파적이라는 것이었다. 제작자는 포스터 속의 주인공들처럼 젊은 여성들이 울지 않고 밝고 예쁘기를 바랐던 것은 아니었을까 추측해본다. 삭제하는 것이 좋은지 계속 자문했고, 결국 스스로도 확신이 없어서 삭제에 동의했다.

언니가 지방으로 떠나면서 혼자
원룸에서 살게 될 혜주를 위해
로봇 강아지 '아이보'를 선물한다.
혜주와 언니가 아이보를 실행시키며
즐거워한다는 장면이 있었다. 당시
소니 아이보가 나온 지 얼마 안 되었을
때였다. 아이보는 굉장히 비쌌기 때문에
실물을 본 건 이때가 처음이었다.
소품팀에서 제작비를 위해 다시
되팔았다고 한다. 아래 세트 현장
사진만이 그런 장면이 있었다는 것을
알려주는 유일한 증거이다.

찬용과 혜주는 이후 어떻게 되었을까?
궁금해지는 사진들이다. 나는
혜주의 마지막을 이렇게 끝내고
싶지 않았다. 편의점에서 새로운
남자를 만나는 117씬에서 끝내고
싶었으나 삭제되었다. 영화 속에서
혜주가 찬용의 어깨에 머리를 기대는
쇼트는 멀리서 잡아 표정이 잘 보이지
않는데 스틸사진으로 남은 두 사람의
표정이 좋다. 찬용이가 혜주보다
어리게 느껴지도록 캐스팅했는데,
이 사진을 보면 든든한 동갑 친구처럼
보이기도 한다.

242

잘 있었니?

〈고양이를 부탁해〉로 떠올리는
영화의 기억, 영화의 이야기

'태희'에 관한 짧은 숙제

— 어쩌면 몽상가,
　아마도 길을 찾는 사람

배두나
배우

2001년 10월 영화 〈고양이를 부탁해〉가 개봉했을 때, 내 캐릭터 태희가 가장 많이 들었던 수식어는 '착하고 엉뚱한 몽상가' 내지는 '사랑스러운 몽상가' 였다.

몽상가? 태희가 몽상가였어? 당시 그 역할로 6개월 정도를 살아본 내 입장에서는 조금 당황스러운 표현이었지만 연기 경력이 얼마 안 되는 신인배우였던 나는 아, 감독님이 그렇게 완성하고 관객이 그렇게 봐주신 거면 그런 건가 보다, 하고 말았다.

지금도 나는 관객들에게 내가 연기한 이 캐릭터는 이런 사람이에요, 라고 설명하는 것을 좋아하지 않는다. 마치 내가 그림을 보며 나름의 영감과 감동을 받고 있는데 갑자기 화가가 나타나서 "이 그림은 사실 이런 의미로 그렸습니다" 라고 설명하면 김이 새는 것과 같다고 본다. 그럼에도 불구하고, 개봉 20주년 기념으로 책이 나온다며 정재은 감독님께서 A4 두 장 정도 글을 써오라는 숙제를 내주시는 바람에 한번 끄적여 본다. 아이고 감독님... 글 쓰는 것을 싫어해서 서면 인터뷰도 꺼리는 사람한테 A4 두 장이라니요...

태희를 연기할 당시에 나는 태희가 엉뚱한 꿈을 꾸는 사람이라기보다 간절히 길을 찾는 사람이라고 생각했다. 언뜻 보면, 커다란 찜질방을 운영하는 집안 딸내미인데다가 열심히 살지 않아도 그다지 생계를 걱정하지 않아도 되는 태희가 친구들 중 가장 여유로워 보인다. 생계가 여유롭기 때문에 더 자존감이나 자아에 대한 고민들을 많이 했을지도 모른다고 나는 생각했다. 그리고 그런 깊은 고민에서 오는 무력감과 상실감은 타인들에게 배부른 고민으로 치부되기 쉽다. 다들 일단 먹고 살기 힘들기 때문에. 태희로 살아보니, 극 중 집에서도 사회에서도 내 존재의 참을 수 없는 가벼움이 조금씩 타격으로 다가왔다. 그 애로 6개월을 산 나도 그랬으니 20년을 산 태희는 훨씬 더 많은 생각을 해왔겠지.

나는 태희가 친구들과 어울릴 때나 주상이와 있을 때보다 자기 방문을 잠그고 콕 틀어박혀 쭈그려 있는 것이 그녀의 대표 모습이라고 생각했다. 두 시간 남짓 영화에서 보여지는 것보다 훨씬 더 많은 시간을 그녀는 그렇게 문을 걸어 잠그고 앉아 있어 왔을 것 같았다. 태희가 가족과 대화를 하는 장면을 보면 안쓰러울 정도로 벽이 느껴지니, 사실 굳이 문을 걸어 잠그고 있지 않더라도 섬처럼 살아왔을 것으로 생각되었다. 아직도 생각나는 대사가 있다. 식당 점원에게 가장 인기 있는 걸로 알아서 내오라는 아버지에게 메뉴 선택의 기회를 빼앗긴 태희의 강단 있는 한마디, "때리는 것만 폭력이 아니야"이다. 사소한 일화일 수 있으나, 태희는 이렇게 사소한 곳에서조차 자신의 선택과 목소리, 의지를 지켜내려 고군분투해 왔을 것이다.

집에서는 아웃사이더, 집 밖에서는 인사이더인, 배를 타고 흘러다니고 싶다고 해맑게 말하는 태희. 그는 내게 몽상가라기보단 열심히 길을 찾는 사람으로 보였다. 태희 같은 사람들을 그냥 엉뚱한, 현실성 없는 꿈을 꾸는 사람이라고 말할 수 있을까? 성인이 되었으니 일단 잡생각은 집어치우고, 어떻게든 안정적인 직장을 갖고, 남들과 비슷한, 보편적인 길을 가는 것이 현실적인가? 그렇지 않은 길을 가는 사람을 비현실적이라고 말하는 사회는 나는 별로다. 실현 가능성이 없는 꿈을 꾼다고 말하는 것도 나는 별로다. 각기 다르게 태어나 딱 한 번 살다 가는데, 고민하고 번뇌하고 시행착오하면서 그렇게 제각각 다르게 살다 가면 되는 거 아닌가. 그러다가 또 실현돼 버릴지 누가 아는가. 안 돼도 그만이고.

얼마 전 20년 만에 〈고양이를 부탁해〉를 다시 봤다.

2001년 10월에 개봉했던 영화이니 정말 딱 20년이다. 세월이 흐르고 다시 본 〈고양이를 부탁해〉에서 태희는, 이러니저러니 해도 그저 풋풋하고 마냥 사랑스러웠다. 40대가 되어 다시 보니 다른 눈으로 이 영화를 보게 된다. 우리의 고민 많던 젊은 시절은, 지나고 보니 예쁘고 순수하고 애틋할 뿐이다. 그리고 여전히 고민 많고 지친 나의 40대도 60대가 되어서 다시 보면 풋풋해 보일 것 같다는 생각마저 들어 기분이 좋아졌다.

후... 결국 한 장 간신히 채웠네.

숙제 끝.

별의   친구들

백은하
백은하 배우연구소 소장
영화 저널리스트

'넌 언제나 말했었지/ 유모차를 끌고 싶어/ 비굴하게 웃기 싫어/ 레논처럼 죽고 싶어/ 난 모든 걸 갖고 싶어/ 이 아픔을 넘고 싶어…'

〈고양이를 부탁해〉에서 흐르던 모임 별의 노래 '진정한후렌치후라이의 시대는갔는가'의 화자는 어쩐지 한 명이 아닌 듯하다. 비류와 온조, 태희, 혜주, 지영의 서로 다른 욕망과 희망이 각자 다른 방향에서 날아와 교차하는 듯한 이 노래를 배우 이은주, 이은실, 배두나, 이요원, 옥지영의 목소리로 들어보는 상상을 한다. 2001년, 이제 갓 스무 살을 넘긴 다섯 명의 배우들은 어느 하나 닮은 구석 없는 〈고양이를 부탁해〉의 다섯 친구 캐릭터처럼 한눈에 보기에도 다른 모양, 다른 재질의 악기였다. 낯설 만큼 새로운 인류의 얼굴을 한 무정형의 배두나와 클래식하게 예쁜 외모, 단단한 태도를 가진 이요원, 서늘한 눈매와 서걱거리는 음성이 연기처럼 퍼져가던 옥지영 그리고 구성진 어른의 말투와 아이 같은 천진함이 찰지게 뒤섞인 쌍둥이 이은주, 이은실까지, 이 다섯 배우의 생래적 특징들은 지휘자 정재은에 의해 정밀하게 선택, 배치되었다. 구체적인 줄거리나 대사를 잊었을 때조차 이들이 만들어낸 기묘한 앙상블의 파장만큼은 지난 20년 동안 귓가를 떠나지 않고 맴돌고 있었다.

인천의 한 상업고등학교를 함께 다닌 태희, 지영, 혜주 그리고 비류와 온조는 졸업 후 각자의 방식으로 이 도시와 싸우고 있다. 태희는 호시탐탐 배편으로, 비행기로 탈출할 꿈을 꾼다. 병든 조부모를 두고 한 발짝도 떠날 수 없는 지영은 인천에 발목이 잡혀 있다. 차이나타운에서 자란 쌍둥이 비류와 온조는 중국인 할아버지 할머니가 있는 이곳에서 어떻게든 뿌리를 내리고 살아보려 한다. 혜주는 늦은 퇴근길 지하철에서 진동하던 돼지갈비 냄새에서 벗어나 "특별시민"으로 "인-서울" 하길 갈망한다. 〈고양이를 부탁해〉는 젊음을 과도한 생기로 채색한 세트장을 배경으로 하지 않는다. 과시적인 폭력이 난무하는 거친 교실과 비열한 거리도 없다. 대신 위악적인 좌절도 과장된 희망도 남기지 않는 한 도시

의 '쌩얼' 속을 바람을 맞으며 묵묵히 걸어가는 다섯 청춘의, 다섯 배우의 말간 얼굴이 있다.

아마도 〈고양이를 부탁해〉의 태희, 혜주, 지영, 비류, 온조의 이후 인생도 그랬을 테지만, 배두나, 이요원, 옥지영 그리고 더 이상 배우로 활동하고 있지 않은 이은주, 이은실 자매까지 〈고양이를 부탁해〉 이후 이들의 삶과 배우적 행보는 각각의 방향으로 나아갔다. 새로운 세계를 꿈꾸며 야무지게 여행 가방을 싸던 태희를 연기한 배우 배두나는 그의 존재감을 가늠할 수 없이 확장된 새로운 시대의 매체를 통해 일본이며 할리우드 등으로 전파하는 중이다. 친구들에 비해 이른 나이에 결혼을 하고 아이를 낳은 배우 이요원은 〈외과의사 봉달희〉〈선덕여왕〉〈화려한 휴가〉〈부암동 복수자들〉까지 알찬 작품 활동을 통해 개인의 삶에 집중했던 공백을 빠르게 채워 나갔다. 배우 옥지영은 〈고양이를 부탁해〉에서 보여준 무채색의 덤덤한 얼굴 이후로 〈미안하다, 사랑한다〉〈인형사〉〈가능한 변화들〉〈아스달 연대기〉〈불새 2020〉 등에서 훨씬 다양한 색과 표정으로 자신의 얼굴을 그려 나가는 중이다.

종이 위에 펜을 떼지 않고 한 번에 그릴 수 있는 별, 오각성은 사실 다섯 개의 선분이 교차하는 도형이다. 2001년, 모임 별의 노래가 흐르는 스크린 위에서 그들은 분명 한 선처럼 보였지만 사실 각자 다른 방향으로 뻗어 나가는 중이었던 셈이다. 2021년, 오늘 밤도 길을 잃을까 염려했던 너와 나의 20세기는 완전히 떠나갔다. 하지만 이 반짝이는 다섯 배우들의 동선이 마법처럼 교차했던 그 순간, 우리는 분명히 별을 보았다.

이

아픔을

넘고 싶어

조태상

모임 별

모임 별(Byul.org)은 2000년 1월 우연히 만난 친구들의 술 모임에서 시작되었다. 나를 비롯 이메일 교류를 통해 만난 패션디자이너 지망생, 여행 과정에서 친해진 여행사 가이드, 함께 음악을 만들던 친동생 등 각자 다른 삶의 양식과 목표를 가지고 살던 이들이 신촌의 작은 술집에서 어울리던 중, 서로에 대해 보다 더 알기 위해 조촐한 장기자랑 시간을 갖기로 했다.

그 누구도 우리가 만든 것들에 관심을 가져주지 않으니, 친구들끼리라도 서로 나누면 재미있지 않을까 하는 생각이었다.

노트에 그린 그림, 직접 만든 옷을 설명하고, 직접 지은 시를 읊거나, 클래식 기타를 연주하고, 찍은 사진들을 차례대로 선보이는 식이었다. 즐겁고 소중한 경험이었고, 그 자리에 함께했던 사람 중 나를 포함 몇몇이 이것들을 하나로 합친 무언가를 시작해 보기로 했다.

그날 이후 나는 학교로 돌아가지 않았고, 새로운 곡들을 쓰며, 친구들과 함께 공연을 시작하게 되었다.

그렇게 1년여가 흘렀을 즈음 정재은 감독을 만나게 되었다. 막걸릿집, 바 등지에서 몇 차례의 공연을 이어오고 있었을 뿐, 정규 음반은 고사하고 쓸만한 데모 음반도 없었으며, 스튜디오 레코딩 경험조차 전무했던 우리에게 감독님은 자신이 만들고 있는 영화의 음악을 맡아 달라고 얘기했다. 뜻밖의 제안에 기쁨보다는 '이 사람 미친 게 아닐까'라고 생각했던 기억이 난다.

진정한후렌치후라이의시대는갔는가 (Beer from Holland)

밴드의 멤버 조월과 함께 직접 작사/작곡을 하고 20여 년 동안 함께 한 곡이지만 여전히 이 제목은 어색하다.

제목이 여전히 정해지지 않았던 어느 일요일 아침, 조월과 나는 동네 맥도날드에서 아침을 먹고 있었다. 후렌치 후라이를 먹으며 둘 중 한 명이 "이상하네. 맛이 영 아니잖아."라고 말했고, "하루 이틀 문제가 아니야. 진정한 후렌치 후라이의 시대는 갔어."라고 답하며, 그냥 그렇게 곡명이 정해지게 되었다.

'이 아픔을 넘고 싶어'를 비롯 곡의 가사는 세상 작은 모퉁이 구석구석까지도 갖은 간판들, 로고들, 무한 경쟁의 고함과 위력, 절규로 가득 찬 와중, 얇고 좁고 옅은 취향 하나에 의지해 자위하며 살아가(보려)던 당시 젊은 시절의 나 자신을 응시하는, 자조하는, 동시에 위로를 건네는 내용을 담고 있다.

2

이 곡을 썼던 2000년 즈음 나의 연인은 대형 마약 밀수 사건의 주범으로 구속되어 구치소와 법정을 오가고 있었고, 나 또한 관련된 옥중 수발과 여러 남은 문제들의 처리에 지쳐가고 있었다. 곡은 그렇게 통과하고 있던 하루하루를 자포자기한 심정으로 써 내려간 곡으로, '너의 우주선을 뒤쫓던 경찰차', '난 밤새 춤을 췄어 영혼을 팔았어'와 같은 가사는 어떠한 은유도 아닌 명징한 당시의 기록이다.

2001년 영화 개봉 이후 여러 잡지/일간지를 비롯 공중파 방송 프로그램 등에서까지 인터뷰를 요청했고, 공영방송의 한 미술 프로그램은 우리의 일상을 다큐멘터리로 만들고 싶다는 제안까지 해왔다. 영 이해가 되지 않았고, 부끄러운 마음, 어울리지 않는다는 생각에 대부분을 거절했으나, 인기가 많았던 음악 라이브/토크쇼 한 가지의 출연 여부만큼은 멤버들과 함께 많이 고민했던 게 떠오른다. 당시 우리는 '지금 어떤 판단을 하는지에 따라 이후 십 년, 이십 년간 밴드의 색깔이 달라질 것'

진정한후레치후라이의시대는갔는가

작곡.조태상, 조월
작사.조태상

네덜란드산 초록 맥주병
오늘 밤도 난 또 길을 잃었지

너 언제나 말했었지
"유모차를 끌고 싶어
비굴하게 웃기 싫어
레논처럼 죽고 싶어
난 모든 걸 갖고 싶어
이 아픔을 넘고 싶어
히말라야 구름 위로
우린 아직 널 사랑해."

아직도 우린 너를 기다려
이 밤의 잔디 위로 날아간

반짝이던 검은 눈들
밤하늘을 가득 메운
잔디 위의 반딧불 빛
아픔들은 없어지고

네덜란드산 초록 맥주병
오늘 밤도 난 또 길을 잃었지

가만히 선 채
눈썹을 만지던
티브이가 아닌 너만의 영혼

아직도 우린 너를 기다려
이 밤의 잔디 위로 날아간

한 번 더 너의 손을 잡고서
맨발로 함께 춤추고 싶어
네덜란드산 초록 맥주병
오늘 밤도 난 또 길을 잃었지

ㄹ

작곡.조태상
작사.조태상

함께 밟고 걷던 높이 쌓인 눈과
달빛 아래 잠긴 상어의 속삭임
너의 우주선을 뒤쫓던 경찰차
술병 위에 어린 너만의 보조개

지친 몸을 끌고 마주친 비단뱀
아주 약간 남은 더러운 시간들

적당하게 맑은 적당하게 슬픈
적당하게 패인 너만의 보조개

난 밤새 춤을 췄어
난 영혼을 팔았어
난 노래를 불렀어
난 모두를 죽였어
난 우주를 낳았어
난 사랑을 버렸어
난 비단뱀을 샀어
난 눈물을 감췄어
밤새 춤을 췄어
영혼을 팔았어
노래를 불렀어
모두를 죽였어
우주를 낳았어
사랑을 버렸어
비단뱀을 샀어
눈물을 감췄어

이라며 신촌의 밤거리에 선 채 사뭇 진지하게 이야기 나누었던 생각이 난다. 그때 우리는 "감당할 수 없는 것들을 하지 말고, 그동안 살던 대로 그냥 이렇게 함께 이것저것 만들어 보며 늙어가자. 그게 재미있고 편할 것 같아"라며 논의를 끝맺었다.

그리고 정말 이십 년이 흘렀다. 우리의 선택 그리고 이후의 삶과 달리 〈진정한후렌치후라이의시대는갔는가〉와 〈2〉는 〈고양이를 부탁해〉를 통해 새로운 생명과 정체성을 얻고, 또 다른 길을 걷게 되었다고 생각한다. 지난 시간 동안 우리는 LP, CD, 잡지, 스트리밍 등 여러 형식으로 십수 개의 음반을 발표했으며, 많은 곳들에서 공연을 가졌음에도 여전히 새로이 만나는 많은 이들이 〈고양이를 부탁해〉를 이야기한다.

개인적으로 〈고양이를 부탁해〉는 젊은 시절 내 팔에 새긴 몇 개의 문신 중 하나라고 생각한다.

여러 번 초면인 사람과의 거리를 좁히는 대화 소재가 되었고, 몇 번쯤은 지우고 싶다는 고민을 했으며, 몇 번쯤은 가리고 다니기도 했던 것이었으나, 정재은 감독이 그리고 배우와 스태프들이 〈고양이를 부탁해〉이후 이룬 멋지고 아름다운 선택과 궤적들을 보며, 이 영화의 힘과 깊이에 대해 새삼 놀라고, 우리에게 주어졌던 참여의 기회에 감사하게 된다.

모임 별은 여전히 기본적으로 친한 친구들의 술 모임으로, 우리 자신과 동료, 벗들의 일상을 음악으로 기록하고 있다. 현재 서현정, 이선주, 오태경, 장용석, 조월, 조태상, 허유, 황소윤으로 구성되어 있다.

"내가 해낸 것이 비로소 카리스틱위졌다고 해야 할까요?"

정재은 감독 인터뷰
이다혜, 정재은

〈고양이를 부탁해〉가 20년 만인 2021년, 재개봉되었습니다. 최초 개봉 때의 관객 반응과 재개봉 때의 관객 반응 사이에 비슷한 점도, 다른 점도 있을 듯해요. 젊은 여자들이 주인공인 영화, 한국 사회에서 젊은 여자로 살아가는 일의 어려움에 대한 이야기가 받아들여지는 방식의 차이 때문일 수도, 한국 사회의 변화 때문일 수도 있을 듯하거든요.

개인의 의식도 성장하지만 사회 전체 구성원들의 지성과 의식도 성장합니다. 특히 여성들의 의식은 놀랄 만큼 성장을 한 거 같습니다. 재개봉을 하면서 놀랐던 건 새로운 젊은 여성 관객들이 이 영화를 보고 있다는 겁니다. 그들은 개봉 당시보다 이 영화의 인물들을 더 깊이 느껴 주고 있었습니다. 영화를 만든 저로서는 매우 기쁘고 행복한 일입니다. 진심으로, 이제서야 비로소 진정한 관객들을 만난 느낌입니다. 영화를 오래전에 보았던 관객들은 자신이 달라진 만큼 영화 속 인물들도 이전과는 다르게 보인다고 하더군요. 그때와는 다른 등장인물에게 이입되는 경험을 말해 주시는 분들도 있고요. 여성들이 자신들의 서사를 보는 방식이 생겼다고 해야 할까요? 이것은 제가 개봉 당시에는 전혀 예측을 하지 못했던 점입니다. 제 기억에 개봉 당시에 이 영화는 40대 남성들이 좋아하는 영화였어요. 왜 그럴까 생각해 본 일이 있습니다. 사회생활을 하는 것과 관련이 있는 것 같습니다. 지금은 사회생활이 개인에게 더 일찍 다가온 거 같습니다. 가족이나 친구들과 달리 직장에서나 사회를 만난다고 생각했었죠. 지금은 가족도 학교 친구도 사회생활의 일부가 되었다고 생각해요. 그래서 영화 속 인물들의 어쩌면 순진하고 순수했던 관계에서 오는 소통들이 더 그립게 느꺼지는 건 아닐까 싶습니다. 어떤 관객이 태희가 지영이에게 무슨 일이 있는지 궁금해서 집을 찾아가는 장면이 좋다고 했어요. 한 번도 친구들이 궁금해서 먼저 찾아가 본 적이 없었다고요. 연락 없이 친구 집에 불쑥 찾아가면 이제는 안되는 사회인 거죠.

영화를 다시 보면서, 이 영화가 오래 마음에 남은 이유가 그들의 씩씩함에 있었다고 생각했습니다. 무엇이 되려고 하기보다 자기 자신이 되려는 탐색 과정에 있다는 점도 좋았고요. 감독님께서는 〈고양이를 부탁해〉 리마스터링 과정에서 혼자 영화와 다시 만나는 시간이 적지 않았을 텐데요, 영화를 보시면서 그 시절의 감독님을 지금 새로운 눈으로 바라보게 된 부분도 있을 듯합니다. 정재은 감독님의 '다시 만든 영화'로서의 〈고양이를 부탁해〉에 대해 말씀해주세요.

내가 해낸 것이 비로소 자랑스러워졌다고 해야 할까요? 이 영화를 포기하지 않고 만들어서 한국영화의 리스트에 이런 영화도 있었음을 각인했다는 게 이제서야 뜻깊게 다가옵니다. 제가 처음에 원했던 것은 리마스터링 자체였습니다. 프린트 필름 상태가 안 좋아서 기술적인 업데이트가 필요하다고 생각했어요. 미래를 위해서 리마스터링을 해두자 정도의 출발이었죠. 리마스터링 작업을 하면서 다시 보니 그때는 모두에게 약간은 낯설었던 모든 것이 지금 보기에는 부족함이 없어 보였어요. 저도 20년 전에 만들어진 다른 한국 영화들을 다시 볼 때가 종종 있습니다. 그런데 그 영화들과는 좀 많이 다르게 다가오더라고요. 젊은 배우들과 새로웠던 음악의 힘이 큰 거 같긴 합니다. 시간이 변화하면서 변화된 관습이나 규범들이 약간 눈에 거슬리긴 했습니다. 고양이를 다루는 방식이나 실내공간에서의 흡연 같은 것들이요.

영화는 (인천국제공항 개항 즈음의) 인천이라는 도시의 곳곳을 다섯 주인공에게 네 곳으로 배분하셨다는 느낌도 들더라고요. 아이들이 둘 이상 같이 있을 때는 길거리나 공공장소에서 어울리지만, 온전히 혼자 있기는 어려울 때가 많고 가족과 함께 지내는 장소가 그 캐릭터의 성격을 반영한다는 인상을 받았습니다. 주인공들만큼이나 그 가족과 집 분위기를 설정하실 때 어떤 인상을 부여하셨을지 궁금합니다.

말씀하신 대로 케이스 스터디를 하듯이 각 인물의 공간을 개념화하고 설정했어요. 당시 공간 콘셉트와 촬영 콘셉트를 보면 모든 계획이 다 있더라고요. 태희 집에는 안마 의자와 건강식품이 있어야 하고, 지영 집에는 말린 나물을 걸어 두어야 하고, 뭐 그렇게요. 다시 보면서는 각 인물들 집의 내, 외부 연결 장면들이 좀 더 있었어도 참 좋았겠다는 생각이 들더라고요. 지영을 제외한 다른 인물들이 사는 공간들을 두루 살피지는 못한 거 같습니다. 영화를 준비하고 만들면서 인천을 처음으로 접했기 때문에 그 한계는 있어요. 어쩌면 지영의 집이 있던 만석동 정도로 인천이라는 방대한 도시를 협소화 한 거 같기도 합니다. 지영의 집이 붕괴되는 이미지는 영화 전체를 지탱하는 가장 뚜렷한 사건입니다. 집의 붕괴를 일시적 사고가 아닌 가난에서 파생되는 위축된 심리로 본 거 같습니다. 집의 붕괴는 현실이면서 또한 심리적 압박인 거죠. 애매한 풍경 인서트들 없이 인물들의 동선과 장면 연출만으로 공간들을 풍부히 표현했다는 생각이 듭니다.

'고양이를 부탁해: 20주년 아카이브'에 실리는 원고는 촬영할 때 제작진이 받은 시나리오와 차이가 있나요?

이번 책에 실리는 시나리오가 최종 촬영본 원고예요. 그 시나리오를 들고 현장에서 촬영을 했어요. 확인을 해 보니까 1999년 1년 동안 시나리오를 썼더라고요. 그 1년간 쓴 시나리오를 제본한 때가 12월쯤이었고요. 시나리오 쓰는 과정과 프리 프로덕션이 겹쳐 있었어요. 시나리오를 쓰면서 인천으로 헌팅도 가고 거기서 촬영을 구상하고 그랬습니다. 촬영을 할 때는 시나리오를 다시 쓰는 마음으로 상황을 줄여서 숏리스트를 정리했어요. 시나리오에 명기되어 있는 장소가 아닌 다른 곳으로 촬영 중 변경하기도 했고요. 촬영할 때 가장 많은 변수들이 생기고 새로운 생각들도 떠오르는 것 같습니다. 당시 대부분이 신인이었던 메인 스태프 중에서 유일하게 현장 경험이 많았던 분이 박종환 조명 기사였는데요. 가끔 시나리오를 들고 조용히 나에게 와서 "이 장면은 빼도 될 거 같다. 나중에 어차피 편집에서 삭제될 거다" 그런 예언을 종종 해주셨습니다. 그때는 일단은 다 촬영하고 싶다고 대답했습니다만, 그분이 지적했던 게 결국은 다 삭제되더라고요. 영화라는 게 경험에 의해서 생략되어도 될 부분들을 알아볼 수 있다는 것을 그때는 상상을 못 했던 거 같습니다. 편집 과정을 통해 이야기가 압축되고 뚜렷해졌습니다.

〈고양이를 부탁해〉는 인천항에서 시작합니다. 인천이라는 지
리적인 배경이 또 하나의 캐릭터가 아닐까 싶을 정도로 깊은
인상을 남기는데요. 시나리오와 장소 섭외 진행이 거의 동시에
이루어졌다는 말씀이시죠?

시나리오를 쓰는 동시에 로케이션 헌팅을 다녔어요. 로
케이션 헌팅을 가서 어떤 장소를 보면 시나리오에 반영
하는 식으로요. 시나리오를 쓰기 위해 인터뷰도 많이 했
거든요. 인터뷰를 하고 시나리오에 대사 한 줄이 추가되
고 그랬어요. 시나리오를 쓰는 과정 자체가 영화를 만드
는 과정이었죠. 이건 영화를 스토리로 보는 것과는 상
당히 다른 접근법인 거 같습니다. 공간에서 느꼈던 감
각이나 인터뷰를 하며 알게 된 사람들의 심상을 접하면
서 내가 경험하지 못하고 잘 알지 못하는 미지의 세계를
영화라는 매체에 아카이브 하는 방식에 가까웠던 거 같
습니다.

이번에 출간되는 시나리오를 완성된 원고로 얘기했을 때 맨
처음 이야기를 떠올렸을 때와 완성된 원고 사이에 가장 큰 차
이점은 무엇이었을까요?

시나리오를 쓴다는 게 모호하고 막연한 방향을 점차 책
으로 영화로 물질화시키는 작업인데요. 당연히 최초의
의도와 마지막 원고 사이의 갭은 무척 커요. 처음 상상했
던 영화는 좀 더 기친 영화였던 거 같아요. 취재와 인터
뷰를 통해 현실성을 구체화하고 성숙한 이야기가 된 거
같습니다. 초기의 발상과 완성된 시나리오의 차이보다
는, 시나리오와 완성된 영화 사이의 차이가 굉장히 커요.

1차 편집본이 3시간 30, 40분 정도로 나왔어요. 게다가 보통 시나리오는 대사가 중요하잖아요. 저는 풍경을 보여주려는 야심을 가지고 영화를 만들었기 때문에 영화에 대사가 없는 시간이 많아요. 대사가 없는 그런 장면은 3초 미만의 인서트로 스쳐 가야 하는데, 제가 그런 순간들을 일종의 시퀀스 신으로 만들어내다 보니까 영화가 굉장히 길어졌어요. 편집실에서 촬영 분량이 많이 삭제되었죠. 이번에 시나리오를 보면서 무엇이 빠졌나 한번 살펴봤어요. 그 당시에 사회가 불편하다고 생각하는 부분들이 많이 삭제된 것 같아요. 태희의 주상과의 관계나 혜주의 시니컬한 태도 같은 것요. 있어도 참 좋았을 것들이 많이 삭제되었구나 싶었어요. 필름이 있다면 다시 한번 재편집하고 싶을 정도로요. 반대로 어떤 대사들은 유치해 보여서 부끄럽기도 했습니다.

이요원 배우가 연기하는 혜주 파트가 꽤 많이 빠졌더라고요.

혜주는 사회생활을 하면서 여성으로서 자기의 몸이나 사회에서 여성의 역할에 대해 각성하는 캐릭터로 잡혀 있거든요. 사회가 여성을 바라보는 시선을 직접적으로 경험하고 불편함을 느끼는 인물로 나와요. 그런 내용이 다 빠진 거죠. 혜주의 언니가 원치 않은 임신을 해서 낙태를 하게 되거든요. 혜주가 언니와 함께 산부인과에 갔다가 간호사에게 "여자가 영원히 아이를 가지지 않으려면 어떤 수술을 해야 해요? 비용은 얼마나 들죠?"라고 묻는 대목이 있어요. 지금은 그런 말을 할 수 있다고 생각할 수 있지만, 아마 그 당시에는 굉장히 불편하다는 판단이 편집실에서 있지 않았을까 싶어요. 그래서 여성으로서의 자각, 자기 몸에 대한 자각 같은 대목이 대폭 빠졌어요. 또, 다섯 주인공들이 함께 있는 순간들이 최대한 남아있고 사회와 불편하게 부딪히는 부분들은 거의 다 삭제가 됐더라고요. 결국 영화의 러닝 타임 때문이죠. 그런 결정을 할 때 무엇을 우선순위로 할지에 있어 시나리오를 쓴 저와 편집실의 판단이 당연히 달랐겠지요. 당시의 제가 무척 혼란스러운 상태였겠구나 라는 생각을 이번에 시나리오를 다시 보면서 하게 됐습니다. 무엇을 남기고 무엇을 버릴까 혼돈 그 자체였을 거 같습니다.

만약 같은 촬영분으로 감독님이 지금 다시 편집하신다면 지금 〈고양이를 부탁해〉와 크게 다른 결과물이 나올 수도 있을까요?

글쎄, 어떨지 모르겠어요. 만약 제가 다시 편집을 한다면 많이 달라졌을 수도 있겠죠. 어쩌면 영원히 편집을 끝내지 못했을 수도 있겠죠(웃음). 그것은 정말 상상할 수 없는 일인 것 같아요. 신인 감독은 경험이 많은 좋은 스태프들과 일하는 게 맞는 거 같습니다. 많은 이야기를 다루어 본 분들의 이야기에 귀를 기울이고 그분들의 능력을 믿어보는 것도 좋다고 생각합니다. 어쩌면 지금의 영화가 그 결과겠죠.

2001년에 개봉한 한국 영화 라인업이 굉장했거든요. 〈고양이를 부탁해〉〈소름〉〈봄날은 간다〉〈와이키키 브라더스〉〈친구〉 같은 영화들이 2001년에 선을 보였습니다. 당시 개봉했던 때 분위기를 혹시 기억하시나요?

얼마 전 개봉 날 썼던 일기를 발견했는데 이렇게 써 있었어요. "사람들은 킬러만 본다. 우울..." 같은 주에 〈킬러들의 수다〉가 개봉했어요. 〈킬러들의 수다〉 포스터에는 남자 배우 네 명이 양복을 입고 손에 총을 들고 있었어요. 그 포스터 옆에 〈고양이를 부탁해〉 포스터가 붙어 있었어요. 사람들이 계속 〈킬러들의 수다〉 표를 사서 들어갔어요. 서울 극장에 모여서 분위기를 파악하는 게 당시 개봉 문화였어요. 그날 영화를 처음 본 이요원 배우가 울어서 속상했어요. 혜주 분량이 많이 빠졌기 때문에 설득력 없이 얄미운 캐릭터가 됐다고 생각해서 많이 울었어요. 저도 속상한 기억을 안고 집으로 간 기억이 있습니다. 그해 말씀하신 것처럼 좋은 영화들이 많았어요. 저도 극장에서 다 보기도 했고요. 하지만 제 코가 석 자였기 때문에 관객 입장에서 다른 영화들을 즐기기는 어려웠어요.

이요원 배우가 연기한 혜주는 시나리오를 보면서 정말 할 이야기가 많은 사람이었구나 하고 사후적으로 깨닫게 되더라고요. 상영 시간을 위해 편집된 부분이 많은 것이 시나리오와 영화의 가장 큰 차이였겠지만, 시나리오를 영화로 옮기는 과정에서 느끼신 어려움도 있을 것 같거든요.

효율적인 이야기의 밀도를 잘 모르는 상태에서 영화를 찍었다는 게 가장 안타까운 점이었죠. 하지만 신인 감독이었으니까요. 고등학교를 졸업하고 사회생활을 하는 주인공들에 대한 이 이야기가 제게는 자연스러운 과정이었어요. 〈여고괴담 두번째 이야기〉에서 스크립터로 일을 했어요. 그때 〈고양이를 부탁해〉 시나리오도 같이 발전시켰던 박지성 님이 함께 연출부로 일했어요. 〈여고괴담 두번째 이야기〉는 여고가 무대였기 때문에 감독님들을 도와서 취재와 인터뷰를 맡아서 했어요. 두 분 다 남고만 다녔을 테니까 많이 도와드렸죠(웃음). 그 과정에서 여고를 졸업하고 사회생활을 막 시작하는 여성들의 이야기를 하고 싶다고 자연스럽게 생각하게 되었고, 그것이 저의 출발점이 되었어요. 〈여고괴담 두번째 이야기〉가 끝나고 나서 바로 〈고양이를 부탁해〉의 시나리오를 쓰기 시작했어요. 처음에는 조금 더 거친 여성들에 대한 이야기였던 것 같아요. 집에서 가출한 사람들에 대해 관심이 많았거든요. 최초의 시나리오 가제도 〈가출〉이었어요. 주인공들이 어떻게 집에서 나가게 되는지를 다루려고 했죠. 〈고양이를 부탁해〉가 저의 경험의 산물은 아닙니다만 아마도 집에서 나오고 싶었나 봅니다.

주인공들이 처한 상황이 저마다의 방식으로 불안정하고, 그래서 독특한 분위기가 생겨나거든요.

영화가 조금 하드보일드한 측면이 있죠. 따뜻한 우정이라기보다는 서로 친한 것 같지만 어떤 면에서는 거리가 있고 서걱거리는 면도 있고 마냥 친절하지도 않죠. 그들이 처한 상황이 불안정하지만 그게 나쁘거나 확정된 것은 아니라고 생각했어요. 그래서 인물들이 계속 이동하게 했고, 그들이 속한 공간 인천도 나름 열린 도시라고 해석을 했어요. 인물들이 처해있는 냉혹한 현실이 언제든지 바뀔 수도 있는 유연함을 가지되 차갑지는 않기를 바랐습니다. 20년이 지나고 영화를 보니 손에 잡힐 듯 삶의 공간과 인물을 조화롭게 담았다는 생각이 듭니다. 모두 가상으로 만들어낸 공간들이죠. 아마 당시에도 지금도 인천국제여객터미널에 전단지를 돌리러 다니는 스무 살 여성은 절대 없을 겁니다.

한 명의 주인공을 선명하게 드러내는 방식을 사용하지 않으신 이유가 있을까요.

한 명의 주인공을 중심으로 하나의 사건을 향해 달려가는 이야기였다면 제가 부족함을 느꼈을 것 같아요. 지금이라면 상업 영화 시장에서는 다중 시점의 미니멀한 서사는 용납이 안 되었을 수도 있겠지요. 지금은 독립영화로 찍어라 이러겠죠. 다행히도 당시는 업계의 압력이나 수정 요청은 없었어요. 그건 시대적인 분위기였다고 봅니다. 영화산업이 본격적인 도약을 맞이하던 때였죠. 저는 충실하게 제가 만들고 싶은 영화만 준비하면 되었던 거죠. 젊은 여성들이 주인공으로 다뤄진 영화가 거의 없었고 이야기의 스타일도 전혀 달랐으니 다들 어떤 결과물이 나올지 상상을 못 한 채 내버려 둔 것 같습니다. 나를 지지했다기보다는 당대 최고의 기획자였던 오기민 제작자를 믿고 내버려 둔 거였죠. 제가 시나리오를 수정하면서 제일 신경 쓴 부분은 구성의 예민함을 잃지 않는 것이었어요. 주인공들의 캐릭터를 뚜렷하게 만들고 간극을 벌릴수록 공감의 폭은 달라지겠죠. 영웅 서사가 되기보다는 누구나의 이야기로 남는 쪽을 선택하길 잘한 거 같습니다. 시대가 요구하는 영웅상은 늘 달라질테니, 평범하지만 소중한 삶의 고민들을 가진 주인공들로 영화를 채운 것은 좋은 선택이었다고 생각합니다.

태희가 왜 집을 나가는지에 대해서, 2001년에 볼 때보다 지금 더 잘 이해하게 되거든요. 시나리오를 보면 더 그렇고. 영화를 보면서 그렇게 집을 나가고 싶었지만 나가지 못했던 보통의 사람들을 대변하는 캐릭터 같은 느낌이 들죠.

태희 입장에서 지금 이곳 한국이 싫은 이유를 섬세하게 배치했지만, 당시 사람들이 그걸 잘 읽지 못한다는 생각이 들었어요. 예를 들어서 아빠가 개량 한복을 권할 때, 맥반석 찜질방에서 일을 해야 될 때, 아빠가 커다란 간판으로 자기를 과시할 때, 패밀리 레스토랑에서 아빠가 주문을 할 때, 그리고 왜 이렇게 시간을 낭비하고 사냐는 말이라든가 하는 것들이요. 그것들이 집을 떠나도록 태희를 압박한다고 생각했어요. 지영과 태희, 둘이 엔딩에서 확 떠나버릴 때 처음 개봉했던 때는 '이게 뭐야' 하는 반응이 더 많았어요. 지금 관객들이 보면 떠난다는 것이 자연스러운 일로 보이죠. 당시에는 제 친구들도 그러더라고요. 비행기를 타고 걔들이 어디로 떠날 수 있겠냐고. 태희가 기호와 취향과 문화적인 차이 같은 것을 이유로 자신의 기반을 떠나 새로운 여행에 도전하는 것은 지금 관객에게는 더 자연스럽게 느껴지겠죠.

시나리오를 받은 배우들의 반응이 어땠는지 기억나시나요.

배두나 배우는 자기가 주인공 같기는 한데 시나리오만으로는 어떤 캐릭터인지 잘 모르겠다고 했었죠. 두려움을 많이 가졌던 것 같아요. 영화를 할지 결정하기 위해 제가 어떤 사람인지 알아봐야 되겠다고 생각했었나 봅니다. 비범한 스무 살이었죠. 제 단편 영화를 보기를 원했어요. 단편 영화들을 보고 와서 미팅을 하고 결정을 했죠. 이요원 배우는 원래 지영 역할을 하고 싶어 했어요. 제가 설득을 해서 혜주 역할이 갖는 의미, 제가 얼마나 그 역할을 중요하게 생각하는지 설득을 해서 그 역할을 하게 됐어요.

혹시 배우가 캐스팅된 다음에 배우 때문에 시나리오가 바뀐 부분도 있을까요.

대사들이 많이 수정되었어요. 배우들이 말하기 편하게 바꾼 것들이 있고요. 시나리오를 쓰긴 했지만 저조차도 상상할 수 없는 장면들이 많이 있었어요. 혜주 생일파티를 하는 클럽 장면 촬영할 때 옥지영 배우가 저한테 물어보는 거예요. "감독님 저는 이때 춤을 어떻게 춰야 될까요?" 저도 거기까진 생각을 안 해봤거든요. 클럽에서 춤을 춘다고 장면을 썼지만 걸어가는 혜주 뒤에서 지영이가 어떻게 춤을 출지 거기까지는 디테일하게 생각하지 못했죠. 촬영을 하게 되면 쇼트에는 시나리오를 쓸 때의 상상보다 훨씬 많은 것들이 담기게 되죠. 특히 풀샷(full shot)이 많은 영화였기 때문에 배경이 되는 요소들의 범위가 훨씬 넓었습니다. 배우 다섯 명이 함께 나오는 장면인데 두 명만 대사가 있고 그때 나머지 세 명은 무엇을 하고 있을까. 촬영하면서도 한꺼번에 그걸 다 보지는 못해요. 현장에 있던 비디오 모니터의 화질은 안 좋았고요. 그러니 많은 부분들은 배우들이 채운 것이라고 봐야 합니다. 자연스럽게 나온 애드리브도 많았습니다. 배우 간의 자연스러운 커뮤니케이션이 영화 안에 새겨졌고 그것들이 영화를 더 생생하게 만들었다고 생각해요.

시나리오를 차근차근 읽다가 비류가 온조에게 말하는 "너두 배고프면 날 잡아먹어 알았지?"가 새삼 눈에 들어오더라고요. 여기 나오는 주인공들이 다 서로에게 줄 수 있는 게 자기밖에 없구나 싶어서요. 이번에 시나리오를 다시 보시면서, 혹은 디지털 리마스터링을 하시면서 특히 마음에 가는 대목이 있었다면 어디인가요?

디지털 리마스터링을 하면서 기억과 다른 걸 많이 발견하게 됐어요. 필름이었기 때문에 자세하게 보이지 않던 것들이 디지털 리마스터링을 하면서 선명하게 아주 잘 보이게 됐어요. 배우들의 표정과 연기가 특히 잘 보여요. 그게 디지털 리마스터링을 하길 정말 잘했다고 생각하는 이유 중 하나거든요.

어떤 장면들인가요?

태희가 버스를 타고 혜주와 통화를 하고 칫솔 파는 아저씨가 나오는 부분이 있어요. 거기에서 배두나 배우의 눈동자의 움직임이 열 개의 대사보다 좋았어요. 필름으로는 잘 안 보였어요. 태희가 선원 대기실에서 자기도 선원이 되고 싶다고 대사하는 장면에서 제가 콘티에 '여기에서 이 말을 하는 태희가 굉장히 잘 보였으면 좋겠다'고 메모를 해 놨는데요. 막상 필름에서는 콘트라스트 때문에 표정이 잘 안 보였어요. 그런데 디지털 리마스터링 버전을 보면 배두나 배우가 카메라 앞에 딱 섰을 때 약간 긴장되면서 미묘한 표정이 다 보이는 겁니다. 혜주가 미래 배우자의 얼굴을 보러 올라가는 달밤 옥상 장면에서 온조의 얘기를 듣는 표정이 있어요. 말을 너무 맛있게 듣는 거예요. 입맛까지 다시면서. 콘트라스트의 적정선을 찾을 수 있게 된 건 디지털 기술의 향상 덕분입니다. 배우들의 연기가 잘 보이고, 그 연기가 새롭게 다가온다는 사실이 제게 굉장히 중요한 경험이었습니다. 스무 살 사람들이 가진 예민한 표정들이 영화 속 배우들의 얼굴에 있었어요.

시나리오 쓰시는 과정에서 떠올리신 다른 결말은 없었나요?

영화가 아주 원초적인 형태일 때부터 집을 나가는 이야기라는 사실은 변한 적이 없어요. 하지만 그 의미는 굉장히 많이 발전했어요. 처음에는 집안 환경이 어려워서 집을 나간다는 식이었어요. 하지만 영화를 만드는 과정에서 집이란 무엇이고 내가 살고 있는 환경을 벗어나서 새로운 도전을 해야 할 때 나는 어떤 세계를 향해 나아가고 나는 왜 나가야 하는가를 생각하게 됐어요. 집을 떠난다는 의미를 더 풍성하게 하려고 노력하게 된 셈이죠. 집을 나간다는 영화의 결론은 한 번도 변한 적이 없고 그 의미는 영화를 만들면서 더 단단해졌다고 생각을 합니다.

감독님께 도시와 건물, 공간이라는 테마는 어떤 의미인가요?
〈고양이를 부탁해〉의 첫 개봉 때는 잘 알 수 없었지만, 이후 감독님의 필모그래피를 따라가면서는 공간이 만들어가는 사람들, 정서에 큰 관심을 두고 계시다는 느낌을 받았습니다.

저만 공간에 관심을 가지는 건 아니죠. 모두들 공간에 관심을 가지고 있죠. 전 국민이 부동산을 통한 불로소득을 꿈꾸는 시대니까요. 영화감독들도 흥행을 하고 큰돈을 벌면 부동산부터 사더군요(웃음). 모두들 엄청나게 공간을 갖고 싶어 하고 부동산의 시세차익을 원합니다. 그래서 모두가 불행한 거 같습니다. 저는 불행하지 않으려고 집과 공간을 둘러싼 다른 이야기를 하고자 하는 것뿐입니다. 그래서 집을 떠날 수밖에 없는 사람들, 사라져가는 공간을 끝까지 기억하고 싶어 하는 사람들, 공간의 위계를 바꾸고 재편하려는 사람들을 저는 사랑할 수밖에 없죠.

만일 감독님께서 지금 〈고양이를 부탁해〉를 새롭게 찍으신다면, 배경이 되는 도시는 여전히 인천일까요? 아니라면 어디에 사는 스물 즈음의 여성들이 새로운 〈고양이를 부탁해〉의 주인공이 될까요?

영화제 때문에 가장 자주 가게 되는 도시가 부산입니다. 항구도 있고 바다도 있고요. 새로 촬영한다면 부산도 좋을 거 같습니다. '싸나이'들의 도시 부산을 아주 페미닌한 도시로 거듭나게 표현하고 싶어집니다. 주인공들의 공간으로서의 도시는 제게 하나의 캐릭터를 만드는 즐거움을 줍니다. 인물들처럼 카메라의 전면에 직접 나서지는 않지만 저 뒤쪽에 굳건히 서서 주연들을 받쳐주는 조연 캐릭터 같은 느낌이죠. 또 새롭게 찍는다면 고려말과 조선 초의 변혁기의 개성 같은 곳에서 찍어보고 싶기도 합니다. 거기에도 왕만 존재한 것이 아니라 스무 살 여성들이 살고 있었겠죠.

발
문

〈그아이들이 부터해〉 소곰지 맘

실제 촬영 때 사용한 태희의 라디오

정재은 감독의 촬영용 시나리오 북.
이은실, 이은주 배우와 옥지영 배우의 스티커 사진이 붙어 있다.

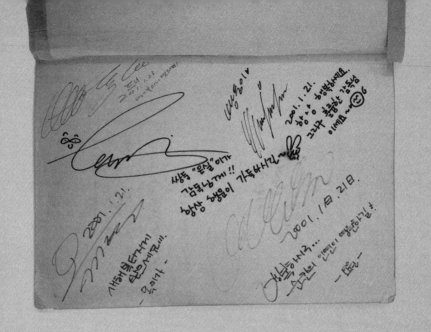

시나리오 북 첫 페이지.
다섯 배우들이 정재은 감독에게 남긴 사인과 메모.

2021년 10월 13일 인디스페이스
2001년 10월 14일 서울극장
2001년 10월 16일 그랜드시네마

일본에서 발간된 〈고양이를 부탁해〉 소설책

KINO

10

SPECIAL 심사가 한국영화의 미래
Made In Korea

Venezia 2001

Cinematopia

talk

baeldoolna
leelyolwon
okljilyoung

속닥속닥 | 사랑스러운 | 그녀들을 | 부탁해 |

배두나 배우가 표지 모델이 된 영화잡지 키노 (2001.10. NO.78)

〈고양이를 부탁해〉 DVD

〈고양이를 부탁해〉 OST

〈고양이를 부탁해〉 VHS

2001년 개봉 홍보용 엽서

2001년 개봉 홍보용 양장 노트

www.titical.com

슬픔처럼, 신비로운

참하게만, 아름다운

엉뚱만발, 사랑스러운

스무살, 섹스말고도 궁금한 건 많다

고양이를 부탁해

고양이같은 스무살, 그녀들의 비밀암호

배두나 이요원 옥지영 외 감독정재은

2001년 개봉 홍보용 전단지

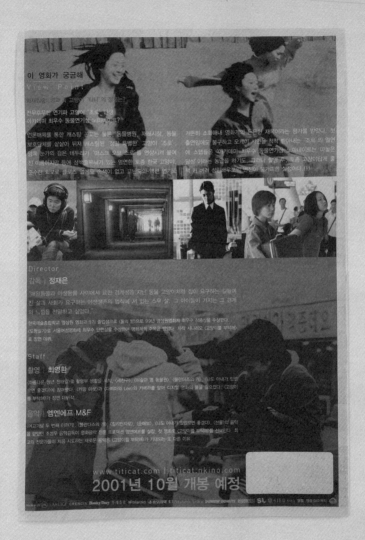

2001년 개봉 홍보용 전단지

2001년 개봉 홍보용 엽서

2001년 부산국제영화제에서 배포된 영문 전단지

일본 개봉 홍보용 전단지

20代初めの女性の実態、夢と愛と挫折を
みずみずしい感性で描いた青春映画の傑作。

>>>STORY

1人でいることを好み、容易に心を開かない神秘的な動物、猫、そんな猫に似た二十歳の6人の彼女達――愛の夢想家テヒ、美貌の野心家ヘジュ、神秘的なアウトサイダーのジヨン、陽気な双子ビリュとオンジョ。高校を卒業して別々の生活を送っている5人が、それぞれ将来への漠然とした不安を抱えている。事あるごとに集まっては、時にぶつかり合いながらも友情を育んでいる彼女達を結びつけているのは捨ててきた1匹の子猫、捨て猫のティティと共に過ごした時間、生活は予想も出来ない方向に流れて行くけれど、悩みながらも彼女達はそれぞれの道を見つけていく……。

>>>INTRODUCTION

社会に出たばかりの女性5人の夢と挫折を、等身大にみずみずしい感性で描いた「子猫をお願い」は、上映終了後、この映画を見た観客の口コミや映画評論家の評価から再上映を求める運動がじわじわと広がり始め、ついにアンコール公開が実現！その結果、その年の（韓国女性が選ぶ最高の韓国映画第1位）（第2位は「猟奇的な彼女」）に返送された。また、「今年の韓国映画の最大の収穫」と批評家からも大絶賛され、アジア映画振興機構賞受賞、プサン国際映画祭、アムステルダム国際映画祭でも高い評価を受けた。また、アメリカ、ヨーロッパなどの大都市で上映され、とくにヨーロッパで好評を博した。

観た後に昔の友だちに会いたくなるような、ノスタルジックな気分に浸れて同時にさわやかな後味が残る映画を脚本・監督したのは、本作が長編デビューとなるチョン・ジェウン。ふわふわとした日常から脱出したいのに自分をなかなか変えられない、そんな悩みをさわやかな女性達に、女性監督ならではの感性でエールを送る。主演に「ほえる犬は噛まない」での瑞々しい演技が記憶に新しいペ・ドゥナ。韓国ではユニークな演技派女優として知られており、多くの監督からラブコールを送られている人気女優だ。ヘジュ役のイ・ヨウォンは「アタック・ザ・ガス・ステーション！」にちらりと登場したのを覚えているかもしれないが、本作が映画初主演作となる。ジヨン役のオク・ジヨンはモデルとしてのキャリアが長く、この映画で子猫としてデビューして後、SBSのテレビドラマなどでも活躍している。このところ元気な韓国映画を代表する若手スター達が勢ぞろいした「子猫をお願い」で、あなたもお気に入りの女優をきっと見つけられるはず！

子猫をお願い
Take care of my cat

2002年には日本でも大人になる過程を描いた映画が上映されたが、「子猫とお願い」とベスドでみる、近くからあるテーマに斬新なショットを巧みに織り込み、ある不思議な力によって思春が突入になって、その後まで、その過程を正直すぎに暗いている。監督デビューを果たすチョン・ジェウンは「子猫をお願い」で特異点るデビューをはたし、成功した、権者には見るべき子猫がある。

——サンフランシスコ・イグザミナー紙

この映画で特別すくなるのはペ・ドゥナであり、彼女は驚嘆らしい女優であり「子猫をお願い」の中にすべての才能を見てとれる。

——ニューヨーク・タイムズ紙

◎主な映画祭受賞歴
第31回[2002]ロッテルダム国際映画祭/KNF賞Special Mention
第1回[2002]ドイツ・フェミナーレ/女性映画グランプリ賞
第4回[2001]釜山国際映画祭「新しい波」部門Special Mention・アジア映画振興機構賞(NETPAC)/2001年今年の女性映画人賞「チョン・ジェウン・女性映画人賞受賞俳優「ペ・ドゥナ」
取8回[2001]水城映画祭調督を快適する女性映画大賞「女性映画者調べと今年最高の韓国映画賞」

2004年初夏、
待望のロードショー！

特別鑑賞券 ¥1,400（税込）絶賛発売中！
（当日：一般¥1,700/学生¥1,400/シニア¥1,000）
○選べる！前売り特典：特製子猫しおりor特製ポストカード

ユーロスペース

渋谷駅南口下車徒歩2分。JTB前さくら通り上がる
TEL 03-3461-0211　www.eurospace.co.jp

일본 개봉 홍보용 전단지

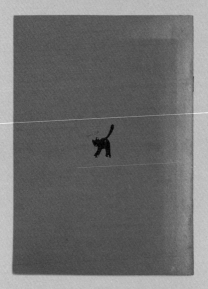

일본 개봉 당시 제작된 팸플릿과 책갈피

TAKE CARE OF MY CAT

子猫をお願い

일본 프레스 시트

홍콩 개봉 홍보용 전단지

홍콩 개봉 홍보용 전단지

홍콩 개봉 홍보용 전단지

미국 개봉 홍보용 엽서

2001년 개봉 홍보용 슬라이드 필름

2021년 재개봉 홍보용 골든벨 배지

2021년 재개봉 홍보용 스티커팩

〈그아이를 부탁해〉가 다녀온 영화제

2002	Rotterdam Int'l Film Festival	VPRO Tiger Awards / KNF Awards Special Mention
2002	Berlin Int'l Film Festival	Forum
2002	Fribourg Int'l Film Festival	초청
2002	International Women Directors' Films Festival of Creteil	초청 / 최우수작품상 수상
2002	Hong Kong International Film Festival	초청 / 특별 언급
2002	New Directors/New Films	초청
2002	Paris Film Festival	초청 / Competition
2002	Seoul Women's Film Festival	초청
2002	Minneapolis/ St. Paul International Film Festival	초청
2002	Singapore Int'l Film Festival	초청
2002	Washington DC International Film Festival	초청
2002	Buenos Aires IV Festival Int'l de Cine Independiente	초청
2002	Hawaii Int'l Spring Film Festival	초청
2002	Shermi d'Amore Film Festival	초청
2002	Brooklyn Film Festival	초청
2002	Seattle International Film Festival	초청
2002	International Film Festival of Troia	초청
2002	Sydney Film Festival	초청
2002	International Film Festival Cinema Jove	초청 / 최우수작품상 수상
2002	Cambridge Film Festival	초청
2002	Auckland International Film Festival	초청
2002	Jerusalem International Film Festival	초청
2002	Melbourne International Film Festival	초청
2002	Edinburgh International Film Festival	초청
2002	New York Korean Film Festival	초청
2002	Montreal World Film Festival	초청
2002	Toronto International Film Festival	초청
2002	Athens International Film Festival	초청
2002	Helsinki Film Festival	초청
2002	Festival do Rio BR	초청
2002	Feminale, Int'l Women's Film Festival Cologne	초청 / Horizons Debut-Prize
2002	Warsaw International Film Festival	초청
2002	Flanders International Film Festival	초청
2002	Vienna International Film Festival	초청
2002	Taipei Golden Horse Film Festival	초청
2002	Oslo International Film Festival	초청
2003	Febiofest	초청
2003	Cinema Novo International Film Festival	초청
2003	Cinema Service Special Screening	초청
2003	CoreAction	초청

릴리 슈슈의 모든 것 〈내해로 만드는 릴리 슈슈〉

2001년 엔드크레딧

유태희	배두나
신혜주	이요원
서지영	옥지영
비류	이은실
온조	이은주
엄찬용	오태경
태희엄마	김화영
태희아빠	최상설
박대리	박성근
팀장	문정희
통장아줌마/거지여인	황석정
혜주언니	박리나
주상	김주상
지영할머니	최연수
지영할아버지	유인수
후레쉬할아버지	유순철
태희오빠	손기호
태희새언니	이지현
태식	채윤식
칫솔아저씨	전주헌
훼미리레스토랑직원	정보훈
선원	박찬국
형사	박세범
극장관리인	김건호
분류심사관	최효상
매표검사원	김광규
분류심사관	조문의 조경미
두타점주	홍승환 임근아 정효인
증권사직원	김도자 김태영 안병욱 정정호
	노익현 김지영 정승헌 김수련 이지영
재호	김광일
윤애	손아람

제작	마술피리
제공	아이픽처스㈜
	무한기술투자㈜
공동제공	영화진흥위원회
	㈜인츠닷컴
배급	㈜시네마서비스
제작투자	차승재 최재원

제작	오기민
감독	정재은
라인프로듀서	오주현
시나리오	정재은 박지성
각색	김현정 이언희
촬영감독	최영환
촬영부	이상각
	이영훈
	최상묵
	소정오
조명감독	박종환(on lighting)
조명부	정성철
	김재근
	송재묵
	장서희
	이규정
	정진석
	고건영
동시녹음	임동석(Live)
제1 붐오퍼레이터	류 현
제2 붐오퍼레이터	조민호
제1 붐어시스턴트	정인호
제2 붐어시스턴트	송명도
미술감독	김진철
미술부	박상훈
	전 미
	김진학

세트디자인	장지연 김진철
세트디자인보	이미혜
세트시공	청솔아트
세트시공작화	신상수 이미경
편집	이현미
아비드 오퍼레이터	권기숙(A&D)
네가편집	남나영 이수연
Music	M&F
Music supervisor	조성우
Orchestra Conducted by	김상헌
Original Score Composed by	조성우 김준석 박기헌 김상헌
Album Producer	홍성희(M&F)

Copyright manager	김상숙	
Music Editor	최용락 정세린	
Recording at	M&F Studio	
	Core Recording Studio, 2001	
Score Mixer	박찬민(M&F Studio)	
Recording Engineer	조동희 전수민(M&F Studio)	
주제곡	〈2〉 노래-별	
삽입곡	〈진정한 후렌치 후라이의 시대는 갔는가〉 노래-별	
	〈비단길〉 노래-별	
사운드수퍼바이져/믹싱	이규석(A&D)	
대사편집	최성록	
음향효과편집	김성아 송윤재	
ADR녹음/편집	최성록	
FOLEY 녹음	송윤재	
FOLEY 아티스트	박준오 김학준	
돌비컨설턴트	김재경	
	의상 분장	고혜영 유영숙
	의상팀	김미지
		이지영
	분장팀	김현희
		정유진
	텍스트디자인	이관용
	CG수퍼바이저	장성호(MOFAC STUDIO)
	2D EFFECT	이재선
		류재환
		한동성
		신대용
	3D EFFECT	이지훈
	나비 애니메이션	한정훈
	조감독	박지성
	연출부	유종미
		이사무엘
		장지연
	기록	손현희
	스토리보드	이 권
	제작부	정희태
		임지영
		김태완
		전 민

현상	헐리우드영상제작기술㈜
색보정	이용기
인화	김학성 임진오
프린트현상	한충구 박재갑
검수	양 정
옵티컬	쿠알라프로덕션
텔레시네	A&D(이호섭)
Grip 기자재	영상시대(B.P)
Operator	정재호
Dolly Grip	이종오
스테디캠	김석진
	이대엽
HMI라이트	정용택(Hansol Day Lights)
조명크레인	양근복
필름공급	태창사(홍성곤)
카메라	KRS
운송	노영길
	서원상
발전차	성완진
	박영혁

제작지원	서영관 신혜연 정금자 정희진
현장사진	김태건 박시영 (noon 스튜디오)
포스터사진	이재용
광고디자인	이관용
예고편	이 권
메이킹	㈜인츠닷컴
카피라이터	윤수정
웹사이트디자인	박소영
마케팅책임	김진아
마케팅	이정례 이진상
배두나매니저	최범수(TWENTY ENTERTAINMENT)
이요원매니저	S.I.L ENTERTAINMENT
옥지영매니저	이성진(STARDOM ENTERTAINMENT)
이은실 이은주 매니저	아름다운사람
보조출연	미래예술 이애라 나진수
	MTM 민양기 김동주
	Mir.M 권재덕

도움주신 분들

정은가족치료연구소
한국예술종합학교 영상원 영화과
서울종합촬영소 한화성팀장 조성민
튜브엔터테인먼트 임진순
아시아나항공 박찬법
한국일보사 일간스포츠 김홍태
강지원 구영민 김보섭 김은주 김형숙 노옥진
노혜진 박재인 박현주 박혜민 성승택 양준태
유동현 유연수 이민경 이선영 이영우 용세형
임관택 전미희 정달영 정지영 홍기유 홍석호

정재은

2001년 영화 〈고양이를 부탁해〉로 데뷔했다. 인천을
배경으로 스무 살 여성들의 우정과 성장을 다룬
〈고양이를 부탁해〉는 미국, 영국, 일본, 홍콩 등에서
개봉되었다. 〈여섯 개의 시선〉 〈태풍태양〉 〈나비잠〉 등의
극영화 작업을 지속하면서, 논픽션 스토리텔링에 대한
관심으로 건축 다큐멘터리 3부작 〈말하는 건축가〉
〈말하는 건축 시티:홀〉 〈아파트생태계〉 〈고양이들의
아파트〉를 제작했다. 도시 환경과 공간을 만드는 주체,
공간의 경험과 기억, 도시의 역사 등을 다층적으로
아카이빙하여 영화, 전시 등의 형식으로 발표하고 있다.

영화를 간직하는 가장 아름다운 방법, 플레인아카이브는
영화에 대한 애정과 존중으로
출판, 블루레이와 DVD, OST 음반 등
물리매체 전반을 아우르는 다양한 프로젝트를 진행하며
좋은 영화를 아름답게 간직하고픈 이들과 만납니다.

플레인아카이브의 책들

아가씨의 순간들
고양이를 부탁해: 20주년 아카이브
지옥 각본집
어느 가족 각본집
빛나는 순간: 영화 편지
리틀 포레스트 사진집
타오르는 여인의 초상 각본집
미쓰 홍당무 각본집
남매의 여름밤 각본집
메모리즈 오브 마더: 마더 10주년 사진집
캐롤 각본집
기생충 각본집 & 스토리보드북
독전 포토북
그렇게 아버지가 된다 각본집
바닷마을 다이어리 각본집
들개 각본집

고양이를 부탁해
20주년 아카이브

초판 1쇄 발행
2022년 4월 7일
2판 1쇄 발행
2023년 7월 20일

제공
바른손이앤에이

펴낸곳
플레인아카이브

저자
정재은

강유가람, 구영민, 권김현영,
김정연, 배두나, 백은하, 복길,
이다혜, 조태상

펴낸이
백준오

편집
임유청

교정
이보람

지원
장지선

디자인
6699press

소품 자료 제공
정재은 엣나인 김신형 최지웅

도움주신 분
곽신애 김현민 박지성 서희영 윤여정

인쇄
크레인

출판등록 2017년 3월 30일
제406-2017-000039호

주소
(10881) 경기도 파주시
회동길 336-17, 302

www.plainarchive.co.kr
cs@plainarchive.com
33,000원

ISBN 979-11-90738-13-2

PLAIN ARCHIVE   BarunsOn E&A